中研国际

零售业智慧产品供应商

SEC
SYSTEM OF EXPERT CONSULTANCY
品牌顾问 零售专家

水浒式店铺人员管理

SHUIHUSHIDIANPU
RENYANGUANLI

祝文欣◎主编

中国发展出版社

图书在版编目（CIP）数据

水浒式店铺人员管理/祝文欣主编. —北京：中国
发展出版社，2008.9

ISBN 978－7－80234－261－3

Ⅰ. 水…　Ⅱ. 祝…　Ⅲ. 商店—企业管理：人事管理
Ⅳ. F717

中国版本图书馆 CIP 数据核字（2008）第 127469 号

书　　　名：水浒式店铺人员管理
主　　　编：祝文欣
出 版 发 行：中国发展出版社
　　　　　　（北京市西城区百万庄大街 16 号 8 层　100037）
标 准 书 号：ISBN 978－7－80234－261－3/F·766
经 销 者：各地新华书店
版 式 设 计：北京飞亚景文化传播有限公司
印 刷 者：北京源海印刷有限责任公司
开　　　本：700×980mm　1/16
印　　　张：14
字　　　数：191 千字
版　　　次：2008 年 9 月第 1 版
印　　　次：2008 年 9 月第 1 次印刷
印　　　数：1—6000 册
定　　　价：28.00 元

联 系 电 话：(010) 68990630　68990692
购 书 热 线：(010) 68990682　68990686
网　　　址：http://www.develpress.com.cn
电 子 邮 件：drcpub@126.com

前言
PREFACE

　　虽说早已熟读四大名著,其中之故事也一直烂熟于心,但把《水浒》同店铺员工管理联系起来,则实属偶然。

　　前段时间,友人突然心血来潮,决定开一个服装店,然后四处奔波,费了九牛二虎之力,终于闹市中争到一个门面。随着进货渠道、店铺装修、员工招聘等前期工作的逐步完成,友人已经变得踌躇满志,意气风发,好像财源已经滚滚而来,一发不可收拾!谁曾想,半年之后,因不堪负重,只能关门大吉,千金散尽不复还!

　　按照友人的总结,此次投资,最大的失败是低估了店铺员工管理的难度。结果一着不慎,还是全盘皆输!

　　早在两千多年前,道家宗师老子就说过:"治大国,如烹小鲜。"同样,企业的人力资源管理,不管是大企业还是小店铺,都万变不离其宗——都离不开"选人、用人、育人、留人"这八个字!但是,要真正把这八个字落实到位,驾驭得炉火纯青,如果没有足够深厚的功力,是根本不可能完成的!

　　任何一个成功的店铺,都离不开必要的资金投入,离不开具有竞争力的产品,离不开准确的市场定位,离不开店铺卓越的市场理念,而所有这些最终落到执行层面,则离不开员工的有效执行,而要保证员工的有效执行,则必须进行卓有成效的人力资源管理!从某种意义上可以说,店铺管理其实在很大程度上就是员工管理。因此,一个店铺能否获得成功,最终取决于人的成功——"选人、用人、育人、留人"的成功!

首先看选人。怎样的人才是店铺最需要的呢?有句话说得好:合适的才是最好的!同样,对一个店铺来说,人不在学历高,关键在于能力,适合自己的人才才是最好的人才!这就要求管理者必须拥有一双慧眼去"识英雄",去做"伯乐",找到"千里马"!其次看育人。所谓"玉不琢,不成器",很多员工,刚进来的时候可能还只是个半成品,甚至只是才是一个雏形,还需要管理者进一步精雕细刻,打磨成自己所需要的"玉石"!再次看用人。其实,用人在很大程度上是一个心态和信任度的问题,用人不疑,疑人不用,鼓励大胆创新,活跃气氛,也只有这样,才能令店铺永远保持着新鲜的血液,保持足够的创新动力!而这,就要求店铺必须建立起科学而合理的绩效评估体系,实施具有竞争力的薪酬制度,这样才能吸引人才,稳住人才,留住人才!否则,干与不干一个样,多干少干一个样,一起吃大锅饭,迟早会树倒猢狲散!一个成功的店铺,其实就是一个卓越的团队,一个温馨的家庭,在这里,大家有共同的目标,有团队精神的激励,有家庭的和谐……所有这些,有时候所起的作用远远比物质激励大得多!当然,一个成功的店铺,肯定也离不开一个卓越的领导者,他可以不断引领前进,实现一个又一个目标,正如拿破仑所言:"一头狮子率领的羊群可以战胜一只羊率领的狮群!"

当把所有的这一切因素拼在一起,我不禁惊呼:"这不就是活生生的一个梁山泊吗!"如果把梁山泊当作一个店铺来看,那么,宋江无疑就是这个店铺的老板,是"一百单八将"这一团队的领袖,吴用本身就是一个顾问的角色,卢俊义则是梁山泊转型时物色到的高级人才,其他人物,从导购、店长、采购、物流到仓储,都各司其职,分配得井井有条!宋江之所以能把小小一个梁山泊打造成为全国赫赫有名的正规军,靠的正是充足的人力资源以及卓越的人力资源管理!

从某种意义上可以说,宋江的梁山泊之所以获得巨大成功,就是他选人、用人、育人、留人的成功,是"忠义堂"团队建设的成功,是"忠义堂"企业文化建设的成功!卢俊义、李逵、戴宗等这些专门招募上来的员工,哪个没有为梁山泊立下汗马功劳?那些良莠不齐的员工,在"豹子头"林冲的调教下,个个生龙活虎,战斗力空前提高,为阻击高俅、三打祝家庄奠定了基础。梁山泊同样拥有良好的员工绩效评估及薪酬管理体系,赏罚分明,待遇优厚,"大碗喝酒,大块吃肉,论秤分银"的做法至今还为人们所津津乐道。此外,在感情留人方面,宋江同样也拿捏得很够火候,李逵、武松等人之所以愿意跟他一条道走到黑,恐怕离不开他们之间深深的情谊……

中国传统文化源远流长,其中所蕴含之企业管理文化亦博大精深,绝非我辈一时半会儿所能领悟,还需漫长的岁月中"上下而求索"。古人云:半部《论语》治天下。在这里我们也不妨这么说,半部《水浒》治店铺!

目录
CONTENTS

第一章 "忠义堂"前传

成功,其实就是一种心态,正如西方一些心理学家所言:播下一种思想,收获一种行为;播下一种行为,收获一种习惯;播下一种习惯,收获一种性格;播下一种性格,收获一种命运。

第二章 广发英雄帖

古人云:常在河边走,哪有不湿鞋。店铺之间,互挖墙脚是再正常不过的事情,一个店铺要在市场中立于不败之地,关键就是要有一个完善的人才流动机制,使自己具备良好的造血功能,源源不断地输入新血液。

第三章 伯乐和千里马

韩愈说："世有伯乐，然后有千里马。千里马常有，而伯乐不常有。"识人是一个成功的领导者最重要的能力之一，只有具备一双"伯乐"的慧眼，才能在众马之中找出自己心目中的"千里马"！

第四章 "智多星"笑谈员工培训

培训是店铺发展的原动力。正如松下幸之助所言："出产品之前先出人才，教育是现代经济下企业发展的杀手锏。一个天才的企业家,要不失时机地把培养和训练员工排在重要的工作日程,教育训练好员工,预示着企业的成功,只有傻瓜和想把企业推向悬崖峭壁的人,才会对教育置若罔闻。"

第五章 公孙胜的形象规划

对于一个店铺来说,最大且最直接的形象就体现在自己员工的一举一动之中,员工的个人形象如精神风貌、言谈举止、工作态度,甚至仪表服饰,都是店铺形象最为直接的表现。

第六章 加薪的"蝴蝶效应"

好的薪酬体系,可以激发店铺上下最大的潜力;不好的薪酬体系,往往会导致将走兵散等致命问题。因为薪酬管理涉及到店铺里每一个人的切身利益,所以薪酬管理有其特殊的重要性和敏感性。因此,"薪"平才能气和,否则会变成"薪愁,心愁,白了少年头"!

第七章 林冲的"动力秘籍"

人才不是笨狗熊,不是只会懒洋洋地躺在路边晒太阳的波斯猫,人才是只虎,天生就有要在旷野山林里成就一番事业的雄心,每个人才都有自我激励的本能,他们都希望能够自主,希望自己的能力得以施展,希望得到认可,希望自己的工作富有意义。

第八章 **绩效评估的误区**

绩效管理是店铺人力资源管理中极为重要的一个环节,但它也是一把双刃剑,推行得好,可有效提高店铺的整体效率,创造最大效益,并留住优秀人才;反之,则会打击员工士气,影响店铺的竞争力。

第九章 **人才之争**

在竞争日益激烈的市场竞争中,人才流失问题困扰着众多企业,如何留住优秀人才,组建一支攻无不克的铁的团队,是很多企业掌舵人梦寐以求的事情。一个优秀的企业不应该只是给予最高的薪资,或是最好的福利,还应该考虑工作的内容、员工的发展机会、组织的文化,甚至领导、人际关系等因素,才能让员工对工作满意,从而激发员工的敬业精神。

第十章 团队精神

信息时代是一个追求个人价值实现与团队绩效双赢的时代，个人单打独斗的时代已经远去，团队合作的时代已经到来。卓越的企业团队是企业战无不胜，攻无不克的最有力武器，正如西方著名管理者罗伯特·伍德所言："不论多强大的士兵都无法战胜敌人的围剿，但我们联合起来就可以战胜一切困难，就像行军蚁一样把阻挡在眼前的一切障碍都消灭掉。"

第一章

"忠义堂"前传

成功，其实就是一种心态，正如西方一些心理学家所言：播下一种思想，收获一种行为；播下一种行为，收获一种习惯；播下一种习惯，收获一种性格；播下一种性格，收获一种命运。

1. 宋江的峥嵘岁月

播下一种思想,收获一种行为;播下一种行为,收获一种习惯;播下一种习惯,收获一种性格;播下一种性格,收获一种命运——现代心理学界的这句名言如果套用在梁山泊忠义堂服装贸易公司(以下简称"忠义堂")老板宋江身上,恐怕是再适合不过了。据一些野史记载,当宋江还是一个懵懂小孩的时候,就立志做一个不平凡的人,多年之后,他曾写了这么一首诗:"心在山东身在吴,飘蓬江海漫嗟吁。他时若遂凌云志,敢笑黄巢不丈夫!"总之,人在江湖,不飞则已,一飞就要冲天,这就是宋江的人生哲学和理想。

毋庸置疑,"忠义堂"从当初一个默默无闻的乡下小卖部到如今雄霸一方、备受国人瞩目的服装品牌卖场,本身就是一个奇迹和神话。每当回首自己的创业历程时,宋江总是感慨万分,思绪如梦幻一般飞到那遥远而又熟悉的时代:从一个基层狱警到阶下囚,再到浪迹天涯的流浪汉,接着到无比艰辛的个人创业,最后……

这样的经历,尽管表面看起来很刺激而多彩,但其中之惊险和艰难,如人饮水,冷暖自知,外人是难以体察到的。为什么"忠义堂"能一次又一次在困难和挫折面前化险为夷进而成功突围前进呢?对此,宋江的经验是——机会无限,贵在发现,机遇总是为有心理准备之人而设的!

欧洲一代枭雄拿破仑曾说过:"不想当元帅的士兵不是好士兵!"励志巨人卡耐基也认为:"你的生活是由你的心态造成的,你有什么样的心态就有什么样的生活,你有什么样的选择就有什么样的结果。"因此,无论做什么,从一开始我们就要有做"元帅"的心理准备,要有做"元帅"的理想和志向,虚心向成功者学习,多关心,多实践,多积累,在目标制定上要定得略高一点,然后脚踏实地把事情一件一件做好,这样最终才能梦想成真。

确切地说，宋江的创业生涯其实是非常晚的——尽管还在很早的时候，他就已经在山东郓城当地拥有极大的威望，显示出极高的领袖气质，在同龄人中很有号召力，几乎没有人不知道"及时雨"宋江的。本来，宋江也以为自己将能凭此在大宋政坛大干一场，平步青云，惜乎时运不济，官场腐败，民不聊生，暗无天日——宋江以优异的成绩通过国家公务员考试，但由于背景不深以及财力不济，各方面的工作做得不到位，最终被安排到当时条件最差的郓城监狱所当一名基层狱警，弄得他心理落差非常大，但好歹也是一个"铁饭碗"，所以也只好硬着头皮做下来。如此折腾几年之后，尽管宋江工作非常卖力，各方面的成绩也是看得见摸得着，但晋升依然毫无盼头，失望之余，精神日益颓废，只好终日呼朋唤友，纵酒放歌消愁！

后来，宋江由于经常为个人境遇所困扰，已经没有多少心情应付情人阎婆惜的纠缠，后者寂寞难耐，最终选择背叛了宋江，投向他好友张文远的怀抱。俗话说："朋友妻，不可欺。"尽管宋江是一个比较看得开的男人，对阎婆惜也已经不再太当回事，但无端被老朋友戴了这么大的一顶"环保帽"，心里还是难以忍受，一怒之下把阎婆惜和张文远打成重伤，两人都落下了个一等残废，生活不能自理。尽管出了一口恶气，但大庭广众之下公然行凶，自然难逃法网，宋江也因此锒铛入狱——看管囚犯的狱警，自己却变成了阶下囚，这不能不说是一种颇有意味的讽刺！后来，经过父亲宋太公以及弟弟宋清的多方周旋，终于使宋江得以减刑并提前出狱。不过，经过此事之后，宋江在郓城已经成为名副其实的"三无"人员，再无立足之地，最终只能浪迹天下，结交天下英雄，重新寻找发迹机会！

诗仙李白好歹还满腹经纶，"斗酒诗百篇"，所以一路漫游的经费毫无问题，当地的很多达官贵人都可以就地帮他解决。但是，宋江毕竟不是李白，他没有李白那份潇洒和能耐，从家里拿来的那点积蓄，离开郓城不到三百里就已经被他挥霍得一干二净，之后基本都是过着寄人篱下的生活，在这家住几日，在那户待几天，尽管人家嘴里不说什么，心里巴不得他早点离开。要不是后来觉得实在撑不下去了，宋江还真没有停留下来的意思——虽说世间人情暖，但毕竟也有世态炎凉。在一个优胜劣汰的社会，人与人之间的交往，很多时候要有强大的实力做后盾，腰杆子才能站得直，如果没有足够的经济实力做后盾，人家看你的眼光是很不一样的，更别说什么"和平共处"了。

后来，在走投无路的情况下，在老朋友吴用的大力推荐之下，宋江来到了梁山泊，在晁盖的服装店——"聚义厅"服装店做事，成为晁盖的副手。在宋江看来，此时最重要的是生计问题，至于人生理想和抱负什么的，只能留后再说了。几年之后，"聚义厅"经过几次转手，最终转到了宋江手下。在宋江的大力改革和有效管理之下，广招天下英才，更名为"忠义堂"，终于焕发了青春，在大宋服务业杀出了一条血路！

"只要你有表演的才华，再加上你有足够的上进心，社会肯定会为你提供展现才华的舞台！"宋江至今还经常这样感叹。

2. 水浒风云三部曲

"忠义堂"坐落在梁山泊边，地处南北官道要地，往来客流量很大，再加上周边老百姓大多从事鱼制品加工，很少自己制衣，故而服装店生意甚是红火，"忠义堂"基本上也就是借此而发展起来的。在宋江之前，其实"忠义堂"已经转手了 N 多次，但是业绩一直不大稳定，高低起伏是常事，规模总是徘徊不前、难以壮大。

率先在梁山泊开店的是号称"白衣秀士"的王伦，此人读过大学，受过高等教育，在当地做过一些小官僚，但仕途一直都不大理想，总有怀才不遇之感。闲暇之余，就和朋友在梁山泊这块"西逼都城开封，东临河海之滨，南向江淮鱼米之乡，北上燕北平川"的风水宝地上开一个特色小服装店，以供过往当地居民及游人之需，取名"梁山泊特色服装店"。现在看来，王伦还真是挺有战略眼光，要不是他选择对了梁山泊,建立这一了"革命根据地",后来也不可能使晁盖、宋江能立足于此,跟高俅、王庆这些"服装大鳄"对抗,最终成就一番事业。

王伦在梁山泊开服装店的时候,整个国家还处于计划经济时代,信息闭塞,商品流通也不大顺畅,人们没有多少强烈的市场经济意识,更没有多少人能预测到个体经济的强大生命力,因此,即便是王伦自己,也不敢光明正大地搞服装买卖,也只能就偷偷摸摸地打这么一个埋伏。谁曾想,不试则已,一试吓一跳!很快王伦就尝到了"第一个吃螃蟹"的甜头,业务开展非常之顺利,不仅收入远远超乎预想,而且工作还是那么轻松,赚钱显得那么容易!于是,在王伦的一再游说下,杜迁、宋万、朱贵等人也纷纷辞掉了原来的工作,一心一意在梁山泊做起服装生意来!

尽管当时大宋的总体消费水平低,"旅游热"还没有被营造出来,整个梁山泊的游客一年到头也并不多,但由于当时没有竞争对手,而前来梁山泊进行文化、生态考察的专家和学者不少,仅此一项,梁山泊服装店每年就够赚的,加上一些边际效应,王伦这个老板日子确实过得挺舒心的!

不过,王伦虽然是个读书人,却没有"达则兼济天下"的胸襟,对下属员工实在太差——能力差一点的,整天不是打就是骂;能力强一点的员工,整天又对人家疑神疑鬼,不愿放手让人家去干,怀疑、猜测、限制已经成为他的大法典!每次财务人员让王伦看公司的财务报表时,总是提心吊胆,要是赢利还好,如果亏损的话,他肯定会咆哮大吼,好像是财务人员把所有的利润都偷走了一样。

至于员工待遇,加班没有加班费就不用说了,恶意拖欠工资、随意克扣工资等都是家常便饭,于是有人骂王伦没有人性;有人骂王伦克扣小喽啰工资,让他们过年都没钱回家;有人还想去县衙告王伦,说他非法用工和克扣工资,弄得王伦众叛亲离,员工走的走,偷懒的偷懒,变相罢工时有发生,再加上没有外来新鲜血液的输入,最终导致了店铺每况愈下,基本走到了破产的边缘!

经过同员工多年的钩心斗角,王伦自己也已经筋疲力尽,再加上店铺经营状况也每况愈下,他已经心萌退意,有了转让的念头。刚好,在外闯荡多年的晁盖,也看中了梁山泊这块风水宝地,一个愿买,一个愿卖，双方一拍即合，于是王伦就把店铺低价转让给了晁盖！

晁盖一接手，立刻重新选了店址，追加投资，翻新店面，更换人手，很快壮大了服装店，从原来的 100 平方米扩充到差不多 1000 平方米，同时把店铺更名为"聚义厅"。保证店铺货源质量与供应，节约成本，晁盖同由阮氏兄弟在石碣村创办的石碣村服装加工坊签订长期供货合同，以防关键时刻后劲不足。与此同时，为保证店铺的正常运作及营销，晁盖还高薪聘请号称"智多星"的吴用前来担任自己的高级顾问，刘唐、白胜等人一批老朋友也先后被招揽进来。

随着改革开放的春风吹绿了大宋的大江南北，举国上下掀起一股狂热的创业高潮。市场经济各个因素的全面激活，立刻激发了人类原始的财富欲望，下海经商的狂潮席卷全国，每个人都使出浑身解数，想大捞一把，于是乎，梁山泊这块弹丸之地，一下子聚集了大大小小几十家商铺！在这场疯狂的创业风暴中，大赚的有之，大赔而跳楼的也不在少数。不过，晁盖此时接手这一店铺，已经算是占尽天时地利人和，在吴用这个高级顾问的大力指导下，"聚义厅"一跃成为梁山泊的头号店铺，把其他店铺远远甩在后面。

不过话又说回来，尽管晁盖经商热情高涨，但毕竟能力有限，充其量也就是一个乡镇企业家，缺乏作为一个大企业家必须拥有的远大理想和伟大抱负。由于店铺初期经营比较顺利，晁盖也日益飘飘然起来，盲目自信，认为自己无所不能，战无不胜，对吴用的建议基本也当耳边风了，由于疏忽了吴用的建议，"聚义厅"多次痛失发展良机，逐步走上了下坡路，被"祝家庄"等对手全面超越了。

当时，国家刚刚走市场经济道路，各种法律制度还不大健全，很多企业就是吃这种法律空子，管理不规范，偷税漏税、暗箱操作的举不胜举，"聚义厅"基本也是这一模式的受益者。天不怕，地不怕，官司不怕，论秤分金银，异样穿绸锦；成瓮吃酒，大块吃肉，快乐倒是快乐了，但是对于店铺的长期发展却是有百害而无一利。不过，随着时间的推移，国家的法律体系逐步健全，"聚义厅"由于先天缺钙，在规范化、法制化面前已经显得力不从心，渐渐失去了原有的经营优势，衰败成了必然，而且还欠了大量的外债，经常发不起工资，讨债的更是比赶集的还热闹。实在已经找不出什么起死回生的办法，再加上积劳成疾，糖尿病、心脏病、高血压集于一身,晁盖最终也只好走王伦的老路,选择低价转让。

当时,在"聚义厅"养精蓄锐多年的宋江恢复了元气,已经不像当初那么颓废了,随时准备东山再起,大干一场,因此有意接管晁盖的这一"烂摊子"。当然,对于宋江的这一意向,当年曾跟晁盖一起打天下的元老们老大不情愿,但又别无他法。最终,宋江以象征性的价格拿下"聚义厅"这个摇摇欲坠的店铺。

宋江接手"聚义厅"之后,出于店铺的战略调整,决定更名为"忠义堂",同时励精图治,立志把"忠义堂"打造成为一家百年老店。愿望是美好的,但是实现起来却麻烦不断。自从宋江接手之后,手下人员乱成一团麻,请假的请假,捣乱的捣乱,像导购活阎罗阮小七,宋江让往东他坚决往西,让打狗他铁定撵鸡;第一卖手花荣从宋江当上老板后就压根没在店里露过面。"忠义堂"一下子人心惶惶,销售业绩不仅不升反降。周边原来的竞争对手祝家庄服装公司也开始蠢蠢欲动,意图染指梁山泊这块肥肉。

雄心壮志的宋江一心想点起新上任的"三把火",奈何面对店内的一片混乱,自己也感觉像是老牛掉进水井里,有劲使不上,空打在棉花堆里。就在这时候,宋江的救星来了——吴用去而复返。吴用号称"智多星",曾是"忠义堂"前老板晁盖的高级顾问,"忠义堂"的几次漂亮仗如阻击"服装大鳄"童贯的方案都是经吴用一手策划的。宋江接手"忠义堂"之后,吴用曾一度选择离开,但现在看着宋江束手无策,他自己也不忍心看着辛苦创下的"忠义堂"毁于一旦,想好了对策之后重新回来找宋江商议,并同意出任宋江的高级顾问(实际上等于代替宋江全权处理店铺日常事务)。

在吴用的建议下,宋江的"三把火"正式燃起。

首先,面对感到前途渺茫的员工以及到处弥漫的萎靡氛围,宋江选择了大力安抚,使他们重新回到自己的工作岗位上,进而不断激发他们重新奋斗的勇气。

其次,从政策层面上争取获得政府的大力支持。经过当地政府和工商界的联合努力,大宋中央政府最终正式批准成立梁山泊为国家风景区,周边的几个县区也被合并进来,于是,梁山泊国家风景区一下子立刻成为全国的热点,游人络绎不绝。服装生意本来拼的就是人气,有了人气,其他的都好说,通过游客们"一传十,十传百"传播,"忠义堂"很快就从当地的小作坊成为全国的知名品牌。

最后,进一步扩大员工和店铺规模。为全面提升店铺的档次和形象,提高店铺营销水平,宋江决定必要的时候面向全国招聘一大批优秀的大学生前来梁山泊。与此同时,为扩大市场占有率,宋江决定重新对"忠义堂"的店铺进行布局,先后在梁山泊风景区各个入口处新开了几家分店。

经过随后几年的南征北战,左冲右突,"忠义堂"员工的潜能不断被激发出来,战斗力空前强悍,个个都能独当一面,成为当地服装界的一支新锐军,即便在全国也赫赫有名,其中的 108 位核心员工,更是被业界冠以"梁山一百单八将",令业内同行羡慕不已。

战略决定未来,思路决定出路——关于"忠义堂"的未来规划,宋江和吴用都有自己的想法,决定向大宋的一些百年老字号看齐,把"忠义堂"的品牌做大做强,生生不息。因此,适当的时候,"忠义堂"将通过资本运作,借助股市平台,融资上市,使自己的员工提前获得较为满意的收益!据一些媒体报道,鉴于"忠义堂"在市场上的良好表现,目前已经被不少风险投资公司盯上了,愿意投入资金帮助其成长,最终在洛阳证券市场上市!可以说,在宋江和吴用的领导下,"忠义堂"已经具备了发展成为一个伟大的企业应该具备的素质——如出色的领导魅力,优秀的管理团队,卓越的企业文化,广阔的市场前景……

此后多年,宋江也因为"忠义堂"的成功以及不断履行企业公民责任,多次被大宋电视台评为"年度经济人物"、"年度感动大宋人物"。此外,由于其出色的人格魅力以及卓越的领导才能,宋江甚至还成为美国《时代》、《财富》、《人物》等杂志的封面人物,举国为之侧目,大宋国家领导人也多次在京师亲切接见了他和"忠义堂"的员工!

"忠义堂"的巨大成功,确实把宋江推上了的人生巅峰,这也是连他自己当初创业时也没有想到的。可以说,梁山一百单八将,凭着一股创业激情,白手起家,拉开了"忠义堂"黄金时代的序幕,最终成就一代传奇。

3. 《宋氏宝典》

在宋江等人的领导下，"忠义堂"很快脱胎换骨，在梁山泊服装市场重新崛起，其强劲势头有如黄河泛滥，一发不可收拾，而且还逐步向周边扩张，成为大宋"服装大鳄"高俅最大的竞争对手。据大宋一些资深财经专家预测，假以时日，宋江肯定会取代高俅而成为大宋服装业的 NO.1！

当然，宋江的成功，也引发了人们关于"白手起家"的种种思考。遥想当年，宋江也只不过是郓城的一个狱警，而且还坐过牢，但恐怕大家做梦都没有想到，咸鱼也有翻身的时候，多年之后，宋江已经名扬天下，他所创立的"忠义堂"品牌，更是早已深入人心，延绵后世千百年！

那么，宋江有什么秘诀呢？

关于自己的成功经验，宋江去年在接受美国《时代》杂志采访时，曾做了一篇《宋氏宝典》的总结。宋江认为，自己之所以能有今天的成就，主要在于以下几个方面的原因：

第一，永远保持积极的心态。纵观宋江走过的人生历程，可谓几多沉浮。但是，无论是身处逆境还是顺境，宋江永远都能保持积极的心态，始终相信自己能够改变命运。

那些伟大的历史人物一再告诉我们，没有人可以一步登天，一而再，再而三的挫折正是成功路上的指路牌，愈挫愈勇是所有成功者的共同历程，也就是说成功的唯一途径就是坚持不懈！成功者绝不放弃，放弃者绝不成功。

一个人成功与否，关键还在于他是否有强烈的成功欲望，有没有不服输的精神，有没有像谈恋爱一样，谈一个不成再来一个，志在必得的精神。当你一次又一次战胜自我、超越自我的时候，你就会获得辉煌的成功！

第二，广结人缘，左右逢源。先为成功的人工作，再与成功的人合作，最后是让成功的人为自己工作——宋江的奋斗史，我们不妨可以看做是宋江个人的人脉发展史，所到之处，自然左右逢源。

有人曾说过，人脉网其实好比一只章鱼，章鱼们每时每刻都不停地集合着、交错着，只是很多时候我们自己不自知、不在意，结果常常和贵人擦身而过！因此，不要只看着人脉中的显贵而忽视其他更多的普通人。在适当的时机，任何一个普通人都可以扭转乾坤，成为你的大贵人！

宋江深知，机遇和贵人是在适当时候出现的适当的人、事、物的组合体，需长时间的积累和沉淀，因此他很早的时候就能够通过控制自己的人脉来给自己创造更多的可能。

事实也证明，在"忠义堂"再次创业的过程中，宋江得到太多朋友的帮助，比如开钱庄的柴进，宋江当年扩大店铺规模，靠的就是柴进提供的一批无息贷款，要不然，"忠义堂"当时早已被"祝家庄"摧残得灰飞烟灭了。因此宋江坦言，朋友是自己一生的财富！

第三，善待员工，以人为本。作为一个大店铺的老板，宋江心里非常清楚，人才是店铺最宝贵的资源。店铺其实就是人的产业，人才是店铺的根基，是店铺经营的制胜法宝，也是店铺内部管理的关键，其日常运营、商品的进销、现金的收支以及对顾客的服务等都需要人来操作。任何一个成功的店铺，其成功秘诀之一就在于拥有出色的经营管理人才和高素质的员工。

任何一个店铺，当店铺老板懂得关照员工时，员工自然也会"投之以桃，报之以李"，以店铺为家，更好地服务于店铺，回报老板。因此，很多店铺都在积极防止员工流失，并且一般都坚信善待员工是正确的做法，很多店铺甚至将其视为店铺的成功之道之一。

服装零售业是一个高收入的行业，但是风险和压力指数同样也非常高，离职率大，因此，店铺优秀导购人员跳槽早已见怪不怪。"忠义堂"之所以能在业内独树一帜，一个非常重要的原因就是坚持将员工放在首位。对此，宋江解释说，店铺其实就是做人的生意，而不是商品的生意，所以"忠义堂"注重运营而非销售，不仅给员工支付了远远高于同行的工资（"论秤分金银，大块吃肉"就是明证），而且还为员工提供了广泛的培训和文化建设活动，所有这些，对于提高员工的忠诚度和归宿感具有明显的效应。

第四，疑人不用，用人不疑。众所周知，"用人不疑，疑人不用"历来是企业用人的金科玉律。古今中外无数成功企业的经验表明，尊重员工、信任员工、培养员工、鼓励员工积极参与企业经营管理是成功的企业的一个共同特征，而独断专行、家族式管理，对员工既不信任也不培养等则是大多数企业失败的一个主要症结。

日本家电巨头松下公司从来不对员工保守商业秘密，他们招收新员工的第一天，就对员工进行毫无保留的技术培训。有人担心，这样可能会泄露商业秘密。但其创始人松下幸之助却信心十足地说，如果为了保守商业秘密而对员工进行技术封锁，导致员工生产过程中不得要领，必然带来更多的残次品，加大企业的生产成本，这样的负面影响比泄露商业秘密带来的损失更大。而对于以脑力劳动为主要方式的未来企业如软件业，其生产根本无法像物质生产那样被控制起来，信任也是唯一的选择。

相反，如果对员工不信任，往往就会成为管理中最大的成本。《第五代管理》作者查尔斯·M·萨维奇认为，怀疑和不信任是公司真正的成本之源，它们虽然不是生产成本，但却会影响生产成本；它们虽然不是科研成本，但却会窒息科研的进步；它们虽然不是营销成本，但却会使市场开拓成本大大增加；它们虽然不是管理成本，但却会因内讧而使管理成本增加。

　　同样，宋江也深知信任下属员工的重要性，因此，对于店铺的任何一名员工，他都毫不犹豫地给予信任。当初，吴用刚上台，业绩也毫无起色，甚至连店铺的第一场"店庆演出"也给搞砸了，业内传说，如果"忠义堂"业绩再无起色的话，那么吴用肯定将会被宋江"炒鱿鱼"，扫地出门。

　　但是，在这个时候，宋江适时地站出来，力挺吴用，他一再强调："从经营的角度来看，'忠义堂'已经比以前的好很多了，吴用正在为店铺建设一支优秀的团队，我们也有这个能力。吴用刚刚接手'忠义堂'，他还需要时间来证明自己，不能操之过急。我既然敢于选择吴用，我就会给予他无条件的信任！"

　　正是宋江对吴用等人的绝对信任，才成就了"忠义堂"后来的辉煌，吴用最终也因成功领导"忠义堂"而成长为大宋最成功的职业经理人之一。

　　第五，规范无小事，细节定成败。宋江深知，店铺的发展离不开领导的管理，而管理的秘诀就在于细节，不注重细节，迟早有一天会完蛋。管理无小事，有时，一个小小的错误，就可以导致一个企业的覆灭。因此，宋江时时注意告诫自己的员工，要有忧患意识，不要为自己取得一点点的成绩而沾沾自喜，万里长征我们才刚刚走了第一步，未来的道路还很漫长，而且还非常郑重地用刘备送给阿斗的那句话告诫自己的员工：勿以善小而不为，勿以恶小而为之！

　　第六，尊重顾客，真正把顾客当上帝。放眼整个大宋服装零售业，哪个场子的顾客最幸福呢？毫无疑问，无论如何评选，"忠义堂"肯定都可以名列三甲！因为，如果你是"忠义堂"的客户，享受的优惠待遇实在是太多太多，已经绝非买衣服应得的服务所能涵盖了。

　　宋江深知顾客才是店铺的衣食父母，是店铺的真正上帝，没有顾客的店铺迟早都要倒闭。因此，为了感谢顾客对"忠义堂"的支持，同时提高顾客对"忠义堂"的忠诚度，宋江推出一系列回报顾客的活动，例如，逢年过节"忠义堂"都会推出打折积分活动，店庆特殊时段顾客只需十两银子就可以办理一张VIP卡，享受店铺的VIP待遇，不仅可以到现场感受激烈而美妙的服装新品发布秀，同时还有机会接受李师师等超级明星分享服装搭配、美容养生的心得。

随着一系列"顾客策略"的不断推出，顾客一方面能从中得到切实的优惠，另一方面也真诚地展现了"忠义堂"的一种服务态度——真正把顾客当回事！如此一来，作为"忠义堂"的忠实客户，自然为"忠义堂"的卓越表现感到欢欣鼓舞，更没有理由不去捧"忠义堂"的场。因此，"忠义堂"常年门庭若市当然是顺理成章的事情。

资料链接 >> 刘备的成功之道

有人说，刘备政治上是乞丐，经济上是穷光蛋，职业上是织席贩履的小商贩，但是，就是这样一个人，最后却打出了三分之一的天下！那么，刘备的成功秘诀是什么呢？

经吴用分析，刘备能够成功主要在于他做到了以下四点：

第一，高远志向不打折扣。定一个什么样的目标，是成功者的始发点，能不能始终坚持这样一个目标，是成功的保障。刘备的目标是恢复汉室，统治天下，当皇帝。无论多么艰难，这个目标始终没有改变。要想争夺天下，首先需要进入机制，闯进蚕食地盘的圈子，以图分得一杯羹。乱世英雄起四方，有枪便是草头王，刘备看清时世，滋生野心，企图乱中取势，脱颖而出。于是与关羽张飞招募义勇，参与了镇压张角领导的黄巾起义，企图通过这个机会捞到实惠。但时运不济，打了不少仗，最后只得了个县令，还要受贪官污吏的窝囊气，只好辞官另寻出路。以后仍然事业不顺，给公孙瓒打工，给曹操打工，给吕布打工，给袁绍打工，给刘表打工，一直没有自己的地盘。但是，刘备的志向没有变，目标没有改，打工只是表面现象，寻找机会当老板才是本质。一个想成就一番事业的人，首先要解决的是心志问题，应该说，对于刘备这压根不是问题。

第二，合理经营奠定基础。刘备确立了志向与目标以后，便为其最终实现进行着巧妙的经营。最明显的有以下两点：

首先，为自己当皇帝制造理论根据，为自己的统治奠定合法地位。我们知道刘备要权没权，要钱没钱，要名没名，唯一拥有的优势就是和皇家那点儿八竿子打不着的血缘关系。于是他抓住这点优势，适时张扬，寻机扩大这点优势，在许多关键场合，包括初次结识关羽张飞，都会不失时机地谈到，自己是汉景帝刘启玄孙中山靖王刘胜的后裔，既抬高了自己的身份，又增强了自己的向心力与凝聚力，更重要的是，为未来可能的统治天下，制造了既合情又合理更合法的舆论。

其次，广收民心。作为政治家的刘备非常清楚，得民心者得天下，他也看得很清楚，曹操已得天时，孙权已得地利，自己只能以人和参与竞争。为此，他把追求人和当成了首要的政治发展战略，凡是不"仁"的事一律不做，凡是损害自己仁德形象的事坚决禁止，刘备被曹操大军追杀，十万火急，但却坚持"携民渡江"，就是要创造天下第一仁的品牌，宁愿忍受巨大风险，也要收买天下人心。

第三，对待人才态度诚恳。政治路线决定之后，干部就是决定的因素。没有人，没有能人，不能抱成团，就干不成大事。

刘备是个很有心计的人，他不仅重视收取民心，更重视收取人才之心。他很注意观察人才，他的所有交往，都是紧扣他的志向与目标的；他的所有行为，都是对准目标的操控与调整。与关张结义，是看中两位是英雄；与赵云交好，也是看中赵云是英雄；挽留徐庶荡气回肠；三顾诸葛感人肺腑；错用庞统当面道歉；见到马超就想收复。这一切，都表现了刘备对人才的渴望与真诚。有了人才，是不是对你死心塌地，又是个关键问题，如果三心二意，离心离德，有人才反而是麻烦。许攸是人才，叛离袁绍给曹操献上火烧粮草的计谋，决定了袁绍的败局；张松是人才，背叛刘璋把西川地图献给刘备，也决定了刘璋的倒闭。如果许攸、张松不是人才，是普通百姓，就不会出现这样的局面逆转。综观刘备手下人才，个个忠心耿耿，死保刘备，无论是正副军师卧龙凤雏，还是五虎大将关张赵马黄，乃至国内所属百姓，都是如此。可以肯定，刘备团队是最为和谐最为铁板的一个拳头团队。这种凝聚力向心力从何而来？刘备，刘备的仁德，尤其是刘备对人才的高度人文关怀和理解。

第四，情绪流露恰如其分。情绪对社会、人生有很大的影响作用。

比如,一个因昨晚孩子尿床而心情忧郁的售货员,很可能把冷漠和阴沉自然而然地传染给一个又一个无辜的顾客。倘若其中有个医生因受到冷遇而闷闷不乐,当这个医生将冷面也呈现给他的病人时,病人们又受到了情绪传染。假如病人恰好是个警察,一出门便碰上了一个仅仅是他认为不顺眼的司机……司机又刚好拉了一车乘客……由此下去,我们可以设想出一串串可能因情绪传染而导致的各种结果。可见,如果一个人不注意情绪的调整,或者说在一个情绪免疫力较差的社会圈子内,孩子的一泡尿,不仅可以尿湿一床褥子,甚至可以尿湿一大片社会。

由此看来,情绪传染潜移默化的作用是毋庸置疑的。一副笑脸和一脸怒容,不可能同等效果;温和语言和刺耳声调不可能毫无区别;文明举动和粗俗行为不可能没有反差。规范好自己的情绪,不仅有益于社会,更重要的是有益于自己的人生。情绪的外在流露形式无非是喜怒哀乐愁等等。一个成熟的人,其情绪的流露一般说应该是恰如其分的,是正作用大于负作用的,这也是高级动物应该具备的基本素质。可以肯定,会展示情绪美的人(如会笑、会哭、会怒、会愁……)总会比别人生活的好一些,有时还能成大事。比如,西施会皱眉捧心,引起夫差的怜爱,助勾践灭掉了吴国;魏征满脸严肃,一身正气,使唐太宗李世民享乐之欲大大收敛。

最典型的是刘备的哭,因为会哭,能哭到点子上,不仅可以渡过道道难关,而且成就了一番大业。从情绪这个角度上说,刘备的身家纯属是哭出来的。你看,他在乱世滋生野心,正苦于没人跟他干时,碰上关羽、张飞两位英雄,第一哭,便哭服了两个铁哥们,令他们死心塌地,跟他闯荡江湖。第二哭是哭来了赵云;初见便拉着手恋恋不舍,分别就泪如雨下,使赵云最终炒了公孙老板,跟他干,为救他的宝贝儿子阿斗险些把命搭上。第三哭是哭软了徐庶的心,使徐庶虽然不能跟他干了,心里却念着他,还帮他推荐了诸葛亮。第四哭是哭服了诸葛亮,使这个清高自傲的山林隐士再也闲不住了,心甘情愿为这位知己者死。诸葛亮的出山,使他的事业有了质的飞跃。第五哭是哭输了鲁肃,使鲁肃不好意思讨还荆州,既赖了账还不失体面。第六哭是哭开了吴国太的心,使他不仅免遭杀身之祸,还娶了个年轻貌美的小媳妇。

管理心得 >>

很多时候,所谓的成功,其实就是一种积极的心态。励志大师拿破仑·希尔曾说过:"我们每个人,都随身携带着一种看不见的法宝,这个法宝两面分别镌刻着四个字:一面是'积极心态',另一面是'消极心态'。面对同样的问题,心态不同往往会产生两种迥然不同的后果。心态既能让人获得成功、拥有健康,也能使人跌入低谷,陷入迷惘。面对挫折,积极心态可以产生'柳暗花明又一村'的美好风景;而消极心态则可能让人陷入'喝口凉水都塞牙'的境地。"因此,在人生的道路上,无论我们坐在什么职位,从事哪个行业,都一定要保持积极的心态,努力克服消极的心态,正视并努力超越前进道路上遇到的重重挫折和坎坷,才能成就一番伟业,最终完成自我超越。总之,还是那句话——播下一种思想,收获一种行为;播下一种行为,收获一种习惯;播下一种习惯,收获一种性格;播下一种性格,收获一种命运。

第二章

广发英雄帖

　　古人云：常在河边走，哪有不湿鞋。店铺之间，互挖墙脚是再正常不过的事情，一个店铺要在市场中立于不败之地，关键就是要有一个完善的人才流动机制，使自己具备良好的造血功能，源源不断地输入新血液。

1. 兵临城下

　　商场如战场,尽管在这里看不见硝烟,但远远比战场来得惨烈。目前,大宋的服装市场,尽管从表面上平静无比,实际却暗藏杀机,行业分流日趋明显,格局整合悄悄进行——强者与弱者的区别已经日益变得泾渭分明,资本与实力变得愈显重要。

　　果然,不久之后风云突变,"服装大鳄"高俅率先出招,突然联合蔡京、童贯、杨戬等人从京师挥师南下,直接在梁山泊风景区安营扎寨,接连开了两家品牌服装店。由于梁山泊风景区本来就是一块弹丸之地,按目前的市场容量,服装业的供求关系基本还处于平衡、饱和状态,因此多年来各个商铺之间也相安无事,各走各的路,各赚各的钱。但经高俅这么一搅和,立刻引起"多米诺骨牌效应",甚至连在梁山泊首屈一指的老字号"忠义堂"也面临着重新洗牌!

　　高俅此人来头可不小,曾是大宋的超级足球明星,他当时在大宋球迷心目中的地位,可以同马拉多纳在阿根廷球迷心目中的地位相提并论,甚至连大宋太子赵佶也是他的忠实"粉丝"——有高俅在京师参赛的任何级别赛事,此人绝对不会错过!

　　高俅退役的时候,赵佶已经正式登基成为大宋皇帝,史称宋徽宗。由于有皇帝做后台,高俅自然很快就平步青云,飞黄腾达,在大宋政坛呼风唤雨,真正享受到了"一人之下,万人之上"的待遇。

　　后来,为响应国家机构改革的需要,高俅决定以身作则,亲自下海,弃政从商。凭借复杂的背景和球星的魅力,经过多年的商海搏击,高俅在大宋商界打开了一片新天地,其在京师所创办的服装集团,集生产、加工、批发、零售为一体,享誉国内外,并且一直在全国各地铺设分公司,他也因此博得了"服装大鳄"的绰号。

自从高俅决定在梁山泊风景区开分店之后，四处招兵买马，准备大干一场，而受到冲击最大的自然就是原来的霸主——宋江的"忠义堂"。

据一些接近高俅的消息灵通人士透露，高俅已经通过京师的猎头公司先后接触过"忠义堂"的不少员工，像孙二娘、朱贵、花荣这类口才出众的优秀导购早已进入了他们的圈猎范围，更有看头的消息还在后面的呢——据京师一些都市媒体报道，他们已经亲眼看到阮氏三兄弟同高俅在京师最有名的一家西餐厅用餐，而且还有照片为证。对于媒体的报道，尽管当事双方都否认这是"跳槽"和"挖墙脚"的聚会，但在如此敏感时期，出现这样的"私人聚会"难免不令人们浮想联翩……

不仅如此，更令宋江心急如焚的是，由于高俅等人的强势介入，"忠义堂"的一些老员工开始人心思变，蠢蠢欲动，很多人做事已经有些心不在焉，服务质量迅速下降，顾客投诉明显增多。自然，"忠义堂"的销售业绩也全面下滑，品牌形象受到了严重冲击！

更要命的是，一些老员工尽管可能无改投敌营之意，但多多少少开始有点儿离开之心。就拿武松来说吧，尽管现在工作也很卖力，但由于近期他哥哥武大郎和嫂子潘金莲刚刚在清河开一个炊饼店，生意很好，需要进一步扩大规模，目前正缺人手，所以一直希望他回去帮忙。由于目前大家的思想比较混乱，武松的思想也开始松动，情绪波动很大，做事也有点儿心不在焉。

总之，在高俅等人大兵压境的局面下，淮西王庆、河北田虎、江南方腊等服装零售巨头也在旁边虎视眈眈，意图染指梁山泊这块大肥肉，"忠义堂"整个店铺从后勤到前台，从导购到采购，从仓储到物流，已经全线吃紧，老板宋江终于迎来了接手"忠义堂"之后最大的管理危机。

2. 兵来将挡

高俅大兵压境,"忠义堂"危机四伏。

在这场残酷的商业博弈中,"忠义堂"作为"地头蛇"面对高俅的这只"强龙",尽管算是占尽天时、地利、人和,但老板宋江与高级顾问吴用心里明白,高俅的店铺同自己的目标客户并不一样,只不过双方对优秀员工的要求是一致的。更何况,被对手挖墙脚毕竟也不是一件很体面的事,这是个形象问题,一旦开了一个不好的先例,以后处理起来就比较棘手了。因此,两人都不得不打起十二分的精神,坚持防守反击!

梁山泊,"忠义堂"总部办公室,宋江正在和吴用商量对策。

"公明兄,据我所知,以高俅之实力,其人才贮备早已过剩,根本无需再招兵买马,这次他之所以如此虚张声势,其实醉翁之意不在酒,其根本目的就是要打击我们士气,扰乱军心,令我们人心涣散,服务质量下滑,顾客分流,而他就能从中获利!"吴用开始逐步分析。

"是啊,恐慌比疾病本身还可怕!他们要的就是这个效果。那么,我们该如何化解高俅的这一招呢?"宋江也深知个中利害。

"毫无疑问,留住最优秀的员工,稳住最优秀的店长、导购,应该是当务之急!当然,人往高处走,水往低处流,此乃人之常情,所以,面对高俅等对手的冲击,要想让我们店铺不受一点儿影响几乎是不可能的,多多少少都会有些损失和波动,这是市场经济下人力资源自由流通的必然结果和代价。因此,我们现在唯一能做的,就是尽量把这种消极影响减少到最低限度!"

"能否具体点呢?"

"目前,我们除了做必要的挽留工作,最重要的就是要建立健全我们的人才流动渠道,一方面要建立起完善的后备人才储备,另一方面就是要面向社会重新招募一批新员工进来,给店铺输入新鲜的血液,优化店内氛围,最终形成良性循环!"

"学究兄,招聘员工固然是好,但毕竟远水救不了近火啊!"

"那当然,不过这是目前问题的根本,我们不妨先从内部开始就地解决嘛。"

"既然如此,那就有劳学究兄亲自策划出一个可行的实施方案了!"

"分内之事,何足挂齿!"

吴用领命而去,独留宋江一个人在屋内思索。

随后所发生的事情,基本印证了吴用的判断——尽管大部分的"忠义堂"员工选择了留守,而不是改投敌营,但毕竟还有一些员工选择了离开——安道全、皇甫端决定离职前往京师,到一家大型国有企业任职;营销策划高手金大坚、萧让在高俅等人的一再游说下,最终决定直接改投到高俅那里,负责该集团对外宣传事宜;"忠义堂"公认的"文艺标兵"乐和,由于在参加大宋选秀节目"快乐男生"时脱颖而出,被京师的一家娱乐经纪公司(大宋著名影视歌三栖明星李师师就是该公司旗下的艺人之一)相中,对方承诺把他捧为新一代歌坛偶像,所以最终他也决定去娱乐圈闯一闯,力图打开一片属于自己的天空……

此外,"忠义堂"还流失了不少的优秀导购人才,对"忠义堂"的日常运营产生了巨大的影响,原来"三班倒"的工作制也因为人员的减少而暂时改成了"两班倒",员工的工作强度空前加大,已经有些超负荷运转的苗头。

员工的大面积出走以及由此引发的问题,严重暴露出了"忠义堂"在人才储备机制上存在的种种漏洞,如果不及时给予修正和解决,后面引发的问题将更加麻烦!因此,如何进一步完善店铺内部机制以及输入新血液成了"忠义堂"的当务之急。

3. 吴用的对策

不久之后,吴用针对"忠义堂"目前的人员危机以及老板宋江的设想,精心策划出一套完整的人才招募方案,待宋江拍板之后马上付诸实施。

宋江认为,所谓的员工招聘,其实就是企业和潜在员工之间的互动及对话的过程,是企业和潜在员工接触的第一步,应聘人员通常也是通过招聘活动来了解企业,并决定自己是否愿意为其服务。因此,一个完整的招聘方案至关重要,毕竟,对招聘环节进行有效的设计和实施,才能筛选出高素质的员工,否则就只能得到平庸之辈。

根据宋江的意见,吴用对原来的员工招募方案进行了调整,使之进一步完善。新的员工招募方案囊括了需求职位分布、数量控制、任职条件、招募渠道、测试考核、薪资待遇等,可谓面面俱到。与此同时,有了前面的经验教训,"忠义堂"的人才战略储备机制也同时启动。

具体说来，吴用的方案基本包含了以下几个方面的内容。

首先，在招募渠道方面，该方案将分成内部招聘和外部招聘两种渠道。由于"忠义堂"前段时间有部分员工离职，相应也出现了一些职位空缺，因此店铺将优先考察通过内部各种招聘渠道（如员工推荐、竞聘上岗等）寻找合适的候选人，用以填补原来的空缺。据国内外的相关调查显示，店铺内部招聘的员工极少会因"工作适应性"差而选择离开。同时，内部招聘可以减少昂贵的广告投入和笔试面试成本，员工拒绝所提供待遇的可能性也小得多。而且，内部招聘可以传达这样一个信息：忠诚和出色的员工会得到晋升的奖励。因此，内部招聘的渠道非常有利于增强店铺提供长期工作保障的形象，对于成功稳定运营的店铺而言更加适用。当然，内部招聘也并非万能的，有时也难以满足店铺的人才的需要，还需要通过外部渠道招募店铺所需人才，具体有广告招聘、校园招聘、洽谈会招聘、内部员工推荐介绍、上门求职、中介机构、网上招聘等形式。相比较而言，两者各有利弊，也难分优劣——内部招聘有利于保证内部员工的稳定性，同时激发他们为店铺创造价值的热情；而外部招聘则可以面向整个社会，按照自己的需要，寻找出店铺内部没有而又确实非常需要的人才！

其次，在员工招募结构上，在保证现有员工队伍稳定的前提下，将根据店铺的实际需要引进适当的人才。例如，自从原来负责进货检查的安道全、皇甫端离开之后，一直都找不到合适的人选替代他们的位置，不是经验不足就是认真度不够，总之服装质量问题多多，弄得交货的时候特别尴尬，给顾客留下了不好的印象，因质量问题而被投诉的案例也逐渐增多，因此，这方面肯定要引进一些人。营销策划方面，由于萧让、金大坚等高手已经改投敌营，"忠义堂"的营销策划能力及公关能力目前已经明显弱化了很多，因此，如何招揽到一批文笔出色又有行业经验的策划高手，将成为提升"忠义堂"品牌、形象竞争力的关键。此外，加强销售、配送、仓储人才队伍也刻不容缓！

最后，在时间安排上，将分阶段进行。最先进行的是内部招聘，先从内部选拔适合职位空缺的人才，这样一方面不至于增加培养成本，另一方面也有利于保持员工队伍的稳定性和积极性。等到内部安抚完毕之后,招募工作将同时向各个方向出击:一是在全国各大媒体刊登招聘广告,展开宣传攻势;二是有选择地参加一些大型招聘会,物色不同层次的人才;三是分别到全国各大高校进行招聘宣讲,招聘优秀的大学毕业生。

总之,吴用认为,从现在开始,"忠义堂"必须源源不断地输入新血液,除了确定几个核心员工的整体框架之外,就应该紧紧围绕这些员工把整个店铺糅合成一体。如果真能这样,"忠义堂"不仅可以恢复元气,而且还将战无不胜,攻无不克!

4. 英雄帖

很快,"忠义堂"招聘广告在大宋的几个重点报纸、门户网站上纷纷铺开,掀起新一轮的宣传攻势。其中有这么一则广告,全文如下:

看 招

——"忠义堂"广招天下英才

公司简介:本公司是在中华老字号"梁山泊"、"聚义厅"的基础之上由全国杰出青年企业家宋江历经多年逐步建立起来的。宣和元年,公司完成重组之后,重新开业,立刻席卷京师,门庭若市,百万顾客无不大快朵颐;延伸地县,人头攒动,无数乡亲莫不咋舌称美。如今已发展成为横跨东西、红遍大江南北的服装零售连锁品牌。

未来规划:以梁山泊为背景,以吴用、公孙胜的才智计谋为主线,借时代特色融合企业文化,成为优秀人才永远的最佳选择,让最优秀的人才在这里可以充分发挥自己的聪明才智,为服饰业的兴旺发达作出更大的贡献!

成功秘诀:

一、深厚的历史文化积淀。企业文化源远流长,企业产品优质独特,企业人才师出名门、造诣独到,三者完美地融合在一起!

二、先进的企业管理文化。企业深植于中华民族传统文化的精髓,深深的烙印于"替天行道"的精神气质。"买中自有英雄气,卖里暗藏温柔风"也就是本公司的文化精髓——忠义!

1. 忠义在品牌:不断弘扬传统中华文化,张扬员工个性,营造忠义氛围,节省费用,集约管理。

2. 忠义在管理:企业奉行"四海之内皆兄弟"的理念,严格保证忠义的管理模式,有效地实现了"秩序严明,成本清晰,利润可观"的管理目标。

3. 忠义在风格:企业一直坚持"道可道,非常道"的风格意境,从而实现对顾客的忠义。

4. 忠义在人才:企业为员工提供可以充分发展的空间,并经常组织到各地考察学习,而且还与大宋京师大学管理学院联合办学,对方定期为企业培训员工。

5. 忠义在定位:企业的大门为所有有抱负的人敞开,此乃大忠大义也。

6. 忠义在经营:为各个连锁营销提供资金、技术、服务等方面的支持,投资小,回报高,此乃对加盟者忠义。

7. 忠义在营销:企业统一游戏规则,坚持企业、员工、顾客三位一体,此乃对规则的忠义。

8. 忠义在服务:经企业专业培训的微笑服务,让顾客宾至如归,无微不至的服务是员工本质上的忠义。

公司衷心希望有志之士加盟本公司,共同发展!

招聘职位:请登录本公司网页:http://www.zhongyitang.com

联系方式:电话:0537-52258811

E-mail:wuyong@zhongyitang.com

梁山泊忠义堂服装贸易有限公司

5. 风光校园行

按照吴用的招募思路,其目标无非就是这么两类人:一类是刚刚毕业的大学生,通过店铺来成长培养;一类是的相对成熟的社会在职员工,不用培养就直接可以使用! 其实,两者各有利弊。前者可供选择的面比较广,素质也容易保证,可谓百里挑一,其不足之处就是缺乏经验,培养成本还比较大,回报周期比较长。不过,培养结束之后,一些员工翅膀硬了,能否留得住也还是个问题,现在的劳动合同法,倾向于维护员工利益,员工轻而易举就可以炒公司"鱿鱼",公司一点办法都没有,这在很多地方已经见怪不怪了。至于后者,其优势就是实战经验丰富,可以直接上手,无需培训成本的二次投入,可以达到立竿见影的效果,其不利因素主要体现在管理上,待遇要求往往比较高,不容易管理,而且流动性比较大,稍微一不如意,就有可能抬起屁股走人。

按照吴用的计划,"忠义堂"首先完成了店铺的内部招聘,该提拔的提拔了,该调整的也调整了。例如,鲁智深早先在大相国寺的时候,就已经有了多年的仓储管理工作,在这次职位调整中,他被调到仓储部做主管;武松在清河县的时候,经常负责一些物流配送的事宜,所以这次被提拔为物流配送部主管。此外,朱贵、宋万、杜迁等人也得到了不同程度的提拔,结果倒是皆大欢喜!

随后不久,"忠义堂"就组成了一个以宋江为团长、吴用为副团长的宣讲团,分别前往华中、华西、华南、西南、中南各大高校进行宣讲,期望从高校中招募到合适的营销人才。

曾几何时,大宋大学生被人们捧为"天之骄子",备受社会各界的关爱。在大宋,只要上了大学,就意味着要工作有工作,要房子有房子,要待遇有待遇,而且还可以千挑万选,不是政府机关,不是事业单位,不是国有企业,人家还真看也不看呢!为什么?因为这些单位待遇好、工作稳定、社会地位高,民营企业根本不在他们的考虑范围之内。因此,"忠义堂"的这次校园之行,究竟有多大的成效,宋江、吴用等人其实心里也是没有底的。

不过,正所谓"三十年河东,三十年河西"。随着国家政治、经济体制的改革,国有企业的黄金时代已经成为过去了,很多国有企业入不敷出,处于半死不活的状态,很难说还有什么魅力了。机关单位尽管表面风光依旧,由于其几近僵化的用人方式,在张扬个性的大学生眼里,也已经不如当初那么有吸引力了。此外,随着大学生就业的逐步接轨,走向双向选择,大学生毕业生就业形势一年比一年严峻,名牌大学生养猪卖肉也已经不算什么大新闻了。

在这个时候,一些好的民营企业乘虚而入,以其良好的效益以及富有人性化的管理环境招来越来越多的青年学子的青睐。毕竟,在民营企业里做事,不仅收入比很多机关单位高,而且还提供了更具有竞争力的晋升机会,不像机关那样论资排辈,死气沉沉,这对于个性张扬的当代大学生来说具有非常大的吸引力。正因如此,每年的华为、美的、恒大地产等民营企业的校园宣讲会也特别受到大学生们的追捧,大学生们挤破门槛都想进入这些企业工作!

同样,"忠义堂"虽然只是做服装买卖,但经过几年的飞速发展,其品牌形象已经红遍大江南北,而且前景广阔,每年都有不少大学生前来求职。不过,由于梁山泊离大城市较为偏远,所以它也一直没有进入校园举办过任何的宣讲会,招聘到的学生大多数也只是"散兵游勇",其轰动效应和规模效应明显不如高俅、蔡京这些具有政府背景的民营企业。因此,趁着这次人才危机,宋江和吴用决定放手一搏,轰轰烈烈走进全国各大高校的校园。按照吴用的设想,即便这次"忠义堂"最终招聘不到合适的人才,但至少也完成了一次形象宣传,实现了广告效应!

没想到,"忠义堂"的这次校园行,取得了超乎意料的成功!

在全国几所名牌大学举行的宣讲会中,"忠义堂"受到了广大学生的热烈欢迎,几乎每一场宣讲会都人满为患,门口更是被围得水泄不通!像宋江、吴用、公孙胜等人的名字,对很多学生来说如雷贯耳,但往往也只是闻其名而不见其人,这次学生们终于可以面对面地同这些江湖偶像"零距离接触",自然无不欢欣鼓舞,而向他们几个人索要签名的更是不计其数! 再加上目前各大高校就业形势一年比一年严峻,很多高校的就业率直接同主管就业领导的年终奖金挂钩,因此,宋江、吴用一行所到之处,自然受到各大高校领导的热烈欢迎,纷纷创造条件为他们提供方便,所以工作推进比预想的顺利很多。

在江州大学进行宣讲的时候,有一个叫李逵的大学生,是宋江的超级"粉丝"——多年来,他一直视宋江为学习的榜样,在生活中只要遇到同宋江有关的东西他都会精心保存,光是关于宋江的剪报就集了厚厚一大本,而且还直接扛到宣讲会现场! 对于宋江这次在江州大学的发言,李逵更是佩服得五体投地,不仅在宣讲会上认真倾听宋江的每一句教诲,而且会后还偕同同窗好友戴宗一起到宋江、吴用下榻的宾馆拜访。在同宋江做一番推心置腹的交流之后,天真无邪的李逵更是放弃了已经被录取的公务员资格,决定跟宋江前往梁山泊打天下,大有同宋江"一条道走到黑"之势。从李逵和戴宗的举止言谈之中,宋江也觉得两人的综合素质确实不错,非常之喜欢,同吴用商量之后,最终决定破格录取了两人,而且还暂时让李逵当起了自己的贴身秘书!

当然,除了李逵和戴宗,"忠义堂"的这次校园之行,收获颇丰,而通过这次宣讲会而招募进来的大学生,很多后来成了"忠义堂"的核心员工,为"忠义堂"日后的壮大发展立下汗马功劳,杨林、关胜、史进等人就是其中的代表。

6. 京师"滑铁卢"

　　相对于校园招聘的风光无限,"忠义堂"的社会招聘工作就没有那么风光了,不仅前期推进工作不如意,后劲势头同样不足。尽管宋江和吴用也参加了京师几次所谓的大型招聘会,但基本没有招募到几个像样的人才! 后来,经过吴用、公孙胜多方打听,才发现了其中的奥秘——所谓的招聘会,其实只不过主办方为了套取门票收入以及企业出场费而已,里面很多招聘单位其实都是主办单位的"托儿",用来营造人气而已! 这样的招聘会,人们上当受骗已经太多,现在还能有多少敢前来捧场? 答案可想而知了。

　　本来,按照宋江和吴用的设想,就是希望通过校园招聘来招募到一些有发展潜力的年轻人,作为店铺的后备管理人才来培养,通过社会招聘招揽来一些成熟的中高级营销人才,进而提升"忠义堂"的整体实力,但结果却令吴用大失所望! 由此引发出了一个新问题,中高级人才去哪里找?

　　其实,在中高级人才市场上,永远存在这么一组矛盾:一方面,企业总是想用最小的时间成本和经济成本招到最适合的人才,另一方面,中高级人才总是想用最快的速度找到与自己匹配的企业和职位。两山看似相连——按理说,企业要节约,竞聘者要速度,只要二者一对接,就能彼此呼应,结成一体。然而,事实则不然,因为信息不对称,在中高级人才市场上,无论是企业还是个人,都在陷入困局,从而导致了企业"众里寻才千百度",人才却"不知何处是我家"的局面!

　　"就这么几个职位,我们已经连续参加了几个大型招聘会,至今都还没把人招上来。倒不是没有应聘者,相反,应聘者很多,甚至还可以用'应者云集'来形容,但的确是没有合适的!"在京师最近举行的一次人才洽谈会现场,吴用不禁向当地的一些媒体抱怨,"我就纳闷了,适合的人才都去了哪里?难道真的集体休假去了?"不仅"忠义堂"如此,高俅他们也一样,甚至连蔡京都哀叹,真正的人才真是"踏破铁鞋无觅处"啊!

企业哀叹良才难觅,而人才却在感叹"适合的职位实在是难找"。不用说别的,就拿杨志这名从山东专程赶来参加人才洽谈会的中年人来说吧,履历非常优秀,国内名牌大学毕业,十五年工作经验,要文凭有文凭,要经验有经验,要能力有能力,但就是这样的优秀人才,同样找不到合适的单位!据他自己介绍说,依靠猎头过程太长,只好自己出来跑跑,目前他已经在网上已经投了 N 封简历,高端的招聘会也参加了不下十次,但都像是在赶场,有点儿浑水摸鱼的意思。

不过,杨志毕竟还算是幸运的,在最后时刻终于被宋江和吴用看中,获得了进入第二轮面试的机会,算是"山重水复疑无路,柳暗花明又一村"!

关于这次社会招聘"滑铁卢",很多人认为"都是信息不对称惹的祸",但"忠义堂"负责人事管理的公孙胜却另有一番见解,他认为,在信息时代,网络发展已经非常普及,招聘渠道日益多元化,企业的招聘信息和人才的求职信息可以通过多种方式进行对接,信息对称在目前已经不是问题。

吴用也基本认同公孙胜的观点,他认为出现如此困局的原因倒不是信息不对称,而是信息未达到无缝对接,企业对于中高级人才招聘比较慎重,要求条件往往比较苛刻,而中高级人才往往又是职场上的"老兵",选择企业也比较慎重。在这个时候,双方都希望获得对方更多的信息,要求都很多,只有无缝对接,才有可能匹配成功。反之,如果信息对接不充分,失败的可能性就会无限增大。

针对这个问题,宋江认为,与其在各大鱼目混珠的招聘会上盲目地瞎忙活,倒不如把这种事情直接外包给猎头公司。毕竟,猎头公司是专业职业顾问,为企业招聘、高级人才求职服务,对供求双方都比较了解,应该是实现企业与人才无缝对接的最好方式。不过话又说回来,因为较多地依赖人工操作,决定了其服务范围有限,服务精力有限。此外,猎头公司的服务在大宋才有短短几年的发展历程,而人才市场环境还没有完全成熟,因此期望它一夜之间遍地开花也并不现实。

总之,在信息无缝对接的背后,无论是企业还是人才,更看重的一定是结果。最理想的结果是快速实现招聘或者上岗。如何快速?精准和便捷是必要条件。无论是日益壮大的猎头队伍,还是另辟蹊径、独具创新的定制式服务,谁最先实现精准和便捷,谁就能主导未来。

7. 内部举荐

通过校园招聘、社会招聘等模式,"忠义堂"确实也招揽到了不少优秀人才,店铺的综合竞争力得到了一定的提升。不过,任何面试考核都有漏洞,新进来的这一批人,大部分人还是用得顺手,但有小部分人直到真正进入店铺之后,大家才发现其实并不适合"忠义堂"的需要,但由于已经签订合同,骑虎难下,白白浪费了不少的物力、人力和财力,"成活率"确实比较低。

那么,该上哪儿去找合适的新员工,进而提高新进员工的"成活率"呢?

尽管已经用过了许多招聘方法,包括刊登在线广告、校园招聘等,但现在吴用突然悟出了一条捷径——内部举荐,即接受现有的员工的推荐信。还别说,正是通过这种方式,"忠义堂"真招揽到不少好人才,而且个个用起来都得心应手,"成活率"远远比劳师动众的社会招聘高得多!

不用说别的,就拿"忠义堂"元老卢俊义介绍来的"浪子"燕青来说吧,此人英俊潇洒,风流倜傥,口才出众,吹箫唱曲样样通,又有好酒量,更难得酒后貌似糊涂而内心精明,远胜原来的公关高手乐和。由这样的人负责处理"忠义堂"的公关问题,还有什么不放心的呢?

想当初，为了寻找乐和的接班人，宋江和吴用可谓踏遍大江南北，皆一无所获，没想到如今却是"踏破铁鞋无觅处，得来全不费工夫"。

宋江和吴用的这一"无心插柳柳成荫"案例，也证实了一些人力资源专家的观点——通过员工推荐不失为一种招募新人的可行方法，有时甚至可以比广告招聘或通过中介招聘等节省 75％ 的成本。不仅如此，采用员工推荐的方法还可以降低雇佣双方的失误率，被推荐者往往能更好地融入公司文化，质量也有保障。因为员工的这种推荐行为通常只是发生在相互熟悉的人之间，被推荐人在接受企业真正考核之前，往往已经通过了推荐人的审核，保证了员工的素质，从而使企业避免了人才"海选"的折腾，使招聘工作变得富有效率。据相关调查显示，通过推荐途径招聘的员工，拥有更高的平均工作留任率，一般情况下，由推荐招募的人员比通过其他途径招募的人员拥有对工作更真实的期望，会表现出更稳定的工作绩效和更长的工作任期。

不过，推荐渠道的采用需要各部门的招聘人员在平时的工作生活中有意识地积累相关人脉，最好在企业建立相关的奖惩制度，以形成员工中人脉开发和积累的积极氛围。遥想当年，楚汉之争，一代猛将韩信之所以从项羽阵营改投刘邦阵营，正是通过"内部员工"萧何的大力举荐，这一妙棋也打破了当时楚汉之争的平衡，为刘邦最终成就大业奠定了基础。

当然，内部员工推荐制度也有其负面性。由于这种招募模式把第一轮选择权交给了内部员工，如果这些员工有足够的战略眼光和胸怀，往往就可以为企业带来所需要的人才；但当这些员工由于自身局限性或带有某种偏见，只推荐他们亲朋好友来排除异己，那么企业的人力择优就失去了多样性，而且还容易滋生员工之间拉帮结派，最终搞得尾大不掉，后患无穷！

不过，老谋深算的吴用深谙此道，自然也有自己的一套对策：基于对内部员工的信任，公司会选择员工所推荐之人，减少了一些不必要审核程序，但公司的人力资源部门依然会保持二次追踪，看员工所推荐之人是否够资格在这个企业、在其职位工作，直到当被推荐人能在其岗位上真正站稳脚步，公司才会跟他们签订正式合同，给他们享受同等员工所享受的待遇。通过层层考核，如果不能胜任所从事的工作，那么最终还是要被淘汰出局！

随着内部举荐制度的娴熟使用，"忠义堂"的招募工作也日益变得得心应手，招募质量得到明显提升。受吴用的影响，内部举荐为越来越多企业人力资源管理部门管理者所认可和接受，高俅、蔡京、童贯等人甚至把它当作企业招聘的主流模式！

资料链接 >> 连锁店员工的"快乐招聘"

一个成功企业应该充分重视对每一个员工的招聘，采取全面、科学的招聘体系，招到企业真正需要的员工。

为了输送出色的服务，企业需要的不仅是一个清晰的战略，还要雇佣正确的人，他们具有提供出色服务的关键素质和技能。员工招聘是企业为了发展的需要,为企业配置合格的人力资源,从而吸收具有符合企业要求的员工个体的全过程。事实上,员工的招聘过程不能仅仅看成是企业招收几个人的过程,还应该是一个系统的激励过程。

1. 认识快乐招聘

(1)店员激励从招聘开始。大家都知道,人们关于事物的感受和认识,第一印象很重要。最初印象使人对于后面获得的信息的解释有明显的定向作用。也就是说,人们总是以他们对人或物的第一印象为背景框架,去理解他们后来获得的有关此人或物的信息。心理学家鲁钦斯研究认为,先出现的信息对总印象的形成具有较大的决定力,因此,要想在别人心目中留下好的印象,应该特别慎重,即留给别人好的第一印象。

员工真正对企业的接触和认识往往是从招聘开始的,因此对于员工的激励我们就可以从招聘开始。在招聘的过程中,对将进入企业的人员"造梦",让他有梦可做,有梦可想,并让他意识到:在这里工作将非常开心,而且非常有前景。如很多公司在招聘时都会给应聘员工介绍公司的理想和使命,展现公司的美妙前景等,这就是一种激励过程。

(2)激动人心的应聘洗礼。企业应该让招聘过程变成个人自我展现的舞台,让员工能够充分地展现自己的才能,这样一方面能增强员工的自信,同时,也能使企业增强对每位员工的了解。企业在招聘的时候应该表现出对每个招聘岗位、每个员工的重视,即便这个岗位对于企业来说并不是其所表现得那么重要。因为这样可以使员工感觉到企业对这个工作的重视,增强他们以后工作的积极性。企业应该想办法使招聘过程变成得更具刺激性,能深深触动每一个人的心灵,成为他们难忘的人生瞬间,使每个人都经历一次激动人心的应聘洗礼。

2. 快乐招聘模型("4S"模型)

快乐招聘模型是一个系统的激励过程,它在帮助企业选到合适员工的同时,也开始了对员工的激励。一个成功的快乐招聘模型应该包括四个方面的内容:选择合适的人才(Suit),营造展示场景(Show),设置满意过程(Satisfy)以及输入自信基因(Self-confidence)四个模块。由于这四个模块的关键字的英语表示都是以字母 S 开头,所以又称"4S"模型。

（1）选择合适人才（Suit）。怎样才能为企业招募到优秀的人才？成功企业的招聘工作并不是在所有的应聘者中选最好的，而是应该挑选最合适职位需要的。所以，在招募中，重要的一点是招募者不要将应聘者一一作对比，而应该将每一位应聘者与职位进行对比。

一般来说，对卖场员工的选择上应注意以下两条原则：

——选适合不选优秀。最好的不一定就是最合适的，我们需要的只是能完成特定工作的员工，要量才适用。由于卖场的工作往往比较辛苦，所以一般认为选择生活环境相对艰苦的员工比较合适，因为他们更能吃苦。同时，卖场绝大部分岗位，如作业人员，所要求的知识文化程度也不会太高，所以在文化程度的标准上应该合理确定，这样可以避免高级人才低位使用的风险，同时也降低了用工成本。当然，对于某些特殊的商品，可能要求作业人员有相当专业的产品知识来应对顾客的问询，这些都需要区别对待。

招聘时除了考察人员的能力以外，企业还需关注对应聘人员心态的考察，"招"来一支快乐向上、激情工作的队伍，这也是打造卖场快乐工作的基础。一个爱笑的人通常是一个积极主动、热爱生活的人。在招聘的过程中可以去选择那些乐观、积极的员工，这个通常可以从对方的表情上看出来。

——客观描述岗位性质。企业在招聘的时候应该客观地描述岗位性质，要明确公司对员工的期望。由俭入奢易，由奢入俭难。对于某些比较艰苦的岗位，如连锁卖场的一些作业岗位，企业在招聘人的时候要毫不避讳地说明从事此项工作的难度和工作环境的艰苦等。这样一方面是让员工预先有个心理准备，帮助企业招到真正能吃苦的员工；更重要的是，不要让卖场员工直接进入正式岗位，比如某知名餐饮连锁企业，新招聘来的店面服务人员，先做一至三个月的洗碗工，在此之后，双方都比较满意的情况下才进入店面服务岗位。这样，员工会觉得这份工作来之不易，同时，员工感受到的工作环境和待遇越来越好，从而形成一个先苦后甜的过程，使员工在工作过程中不断收获到成功的喜悦和前进的动力。

（2）营造展示场景（Show）。企业在招聘的时候应该营造一个良好的展示场景。营造展示场景是企业对外的形象宣传的良好舞台，这个展示场景主要是站到应聘者的角度考虑的。招聘单位要营造一个有助于应聘者展示自我的场景,可能唤起应聘者的自信,这是对应聘者的一种激励。

——集体招聘。开展集体招聘,使各个部门、各个工作岗位的招聘工作都集中到一个招聘现场,向求职者提供更多的岗位选择空间,使他们的工作意愿得到更好的满足,同时,也能帮助企业更全面地了解员工的素质、兴趣和爱好,招到更合适的员工。另外,众多的职位必然吸引更多应聘者的加入,让应聘者有介绍、展示自己的机会,有利于营造一个热烈、广受关注的招聘现场,有利于激发应聘人员的兴趣和获得岗位的意愿。

在这样的初选之后,再将可以考虑的应聘者进行深入单独面试,不仅可以提高招聘效率,还可以让应聘者享受展示自我的机会,这对于卖场营销人员的招聘尤其适合。

——规范面试。由于连锁企业具有规范化、标准化的特点,其对员工的素质和服务能力的需求也应该是统一性的,从而保证企业运作的标准化,保证人员素质和服务的统一、规范。面试过程是连锁经营标准流程的一部分,包括面试程序和面试组织的规范化。规范的面试使得人员的选择具有更大的科学性,更符合企业发展的要求。同时,一个面试的规范程度也能影响到面试者对企业的印象,越是规范的面试,越容易让应聘者感觉到公司运作和管理的科学化和规范化,感觉到公司对招聘工作和所招聘岗位的重视,这些都有利于增进员工对公司发展的信心和来公司工作的意愿。

(3)设置满意过程(Satisfy)。招聘过程也是一个让应聘者满意的过程,能提高他们对自己所选择的这项工作的满意程度。如何使招聘过程更加令应聘者满意呢?这可以从制造困难和设置满意薪资两个关键方面入手。

——制造困难。一般来说,人们都很享受那种战胜困难时的感觉。就好像一个学生做数学题,如果你给他出的全是基础题,很简单,虽然都答对了,得了100分,但他可能并不会因此而欢呼雀跃,因为其他人同样也可以答对,不能体现个体差别;但是如果你给他出的题目有一定的难度,也许他只能得90分,但他也会很高兴,因为他享受了这个克服困难的过程,同时也感觉到了自己的水平真正受到了别人的认可。

员工招聘也是一样,要使员工受到激励就要让他们感觉到自己这份工作得来不容易,因为只有经过重重关卡得来的工作才能让员工更好地珍惜,并且可以增强他们进入公司工作的自豪感。比如很多连锁企业在招聘时,要有一个比较复杂的过程,既要测试,又要面试,还要竞聘答辩,这样的招聘过程显得更有价值,任何一个应聘人员都会感受到这份工作的来之不易,会非常珍视这样的工作机会。

——设置满意薪资。所谓的满意薪资,并非指高的工资待遇,而是通过正确的引导,让应聘人员对公司已经确定的待遇满意,并且接受。这个待遇也许不高,但在这方面,对于连锁企业的中基层来讲,不需要给其谈判的空间。

在目前的生产力水平下,劳动很大程度上还只是谋生的手段,不要否认大多数人都是在为工资而工作。没有令人满意的报酬,很难让员工进行快乐的工作。有调查显示,零售业从业人员有47%对自己的薪资水平不满意或者很不满意;有42%的被调查者认为自己的薪资水平一般;仅有13%的被调查者对自己目前的薪资水平比较满意,或者很满意。这些数据表明:零售业的薪资水平与从业人员的预期值有很大的落差。

事实上,由于岗位性质与工作内容的关系,可供支付给零售业店面员工的薪资确实是有限的,如何使得在招聘的时候,开出的工资能使员工满意,这个过程也是有技巧可言的。

首先你要让前来应聘的员工知道,他们现在很年轻,重要的不是现在拿多少工资,而是在公司工作能够学习和积累到多少经验和知识,为以后拿更高工资做准备。同时,也要向他们展示公司能提供哪些个人成长的空间和未来发展的机会,使他们觉得有奔头,目前的薪资水平不应该成为自己第一考虑的因素。

其次,可以给员工对工资作横向对比,企业在开薪资的时候,可以告诉来应聘的员工,同样的岗位在其他企业大概是个什么水平,借此来证明本企业薪资水平并不是太低的,使他们觉得企业开出的工资是可以接受,能令人满意的。

（4）输入自信基因（Self－confidence）。有一句教育名言是这样说的：要让每个孩子都抬起头来走路。"抬起头来"意味着对自己、对未来、对所要做的事情充满信心。任何一个人，当他昂首挺胸、大步前进的时候，在他的心里有诸多的潜台词——"我能行""我的目标一定能达到""我会干得很好的""小小的挫折对我来说不算什么"……

缺乏自信几乎是所有心理困扰之源，即使是生理疾病，它们也能够影响到我们的情绪，也使得我们渐渐削弱对自己身体的信心。有人说："决心就是力量，信心就是成功"，因为只有自信的人，才会真正体会到工作中的快乐。所以企业在招聘的过程中要帮助应聘者输入自信基因。

——营造竞争环境。竞争的环境才能给人奋发向上的动力，才能激起人们追求胜利的渴望，也才能催生应聘者表现的欲望，充分展示他们的才能。营造招聘的竞争环境也能给应聘者传达企业工作的良好氛围，激起他们进入企业的欲望。面对激烈的竞争，赢得这个职位的员工将具有更大的信心来迎接企业未来的工作。

一定要向录用的店面员工介绍其获得此岗位的难度与困难，比如可以这样告诉刚刚的录用员工："在应聘的500人中你们最终被选中，公司非常需要像你们这样的员工，同时对你们寄予了非常大的希望，希望你们日后能够成为公司的主力军……"

——明示优秀表现。每个人都渴望得到赏识，得到赞美，无论身居高位还是位处卑微，也无论是刚入公司的年轻人，还是晋升无望即将退休的老员工。赞美能化解百年冤仇，赞美能使古板呆脸增添笑容。当某人某件事做得很好时，他应该得到赞许。你自己做某事做得好，不也希望别人夸奖你吗？道理都是一样的。

对于表现优秀的应聘者要及时给予肯定，让他们知道，只要表现优秀都能受到别人的肯定，令其以后更加努力工作，并对未来充满信心。

管理者可以很明确地告诉录用员工被录用的原因，实际上就是对新人的肯定与赞美，这对于一个刚入职的员工来讲，无疑是一个巨大的鼓励与肯定，自信的基因相当于输入了员工的心里，快乐工作的可能性大大增加。

在录用通知书上，我们可以让被录用的人员了解到他们的到来对于企业的发展的重要意义，应该说这也是企业吸引和鼓励员工的一种手段，表明了企业对员工的尊重。同时，还要注意，对被录用的人员要一视同仁，应以相同的方式通知被录取者。

另外，在采用电话录用通知或者录用面谈的时候，还可以对成功的应聘者说一些鼓舞人心的话，让他对自己、对公司充满信心。如："我们对你非常有信心，你一定会成为公司未来的核心骨干"等。

总之，招聘过程本身应该是一个对即将进入公司员工的激励过程。作为招聘者，要思考如何让应聘人员有一个快乐、开心的应聘过程，让他们带着充足的信心和快乐的心情进入公司工作。这样录用的员工，进入卖场工作一定会全力以赴，努力表现，迅速进步，避免出现新入员工的观望与审视情形，杜绝浪费时间的现象，实现企业与员工的双赢。

管理心得 >>

在现代商业社会里，企业之间的竞争归根到底其实就是人才的竞争，人才就是企业的第一资源，是企业创新和发展最重要的资源和主要推动力。企业吸收并聚集了优秀人才，就获得了竞争的主动权，就会在激烈的市场竞争中立于不败之地。正如微软总裁比尔·盖茨所言："如果可以让我带走微软的研究团队，我可以重新创造另外一个微软！"

伴随知识经济而来的是企业"人才短缺"现象越来越突出，人才吸引和保留成为当前企业面临的首要挑战之一。经济全球化和信息化革命加剧了企业间的竞争，全球人才争夺战愈演愈烈，企业无论规模和实力大小都很难置身事外、独善其身。人才争夺战的上演直接导致了人才流失的日趋严重，尽管各个企业人才流失表现出各自不同的形式和特点，但每个企业都应当充分认识到人才流失潜在危机的严重性。

因此，如何积极应对人才竞争，控制人才流失，防范和化解人才危机,是每个店铺管理者需要从战略高度考虑的严肃课题。当店铺遭遇大面积的人才流失时,作为管理者,此时除了做必要的挽留工作,还应该通过各种途径来招揽新的人才,建立完善的人才储备制度,从而保持店铺的人才流动一直处于良性循环状态。也只有这样,店铺才能在逆境中保持一份"任凭风吹雨打,我自岿然不动"的从容。

第三章

伯乐和千里马

　　韩愈说："世有伯乐，然后有千里马。千里马常有，而伯乐不常有。"识人是一个成功的领导者最重要的能力之一，只有具备一双"伯乐"的慧眼，才能在众马之中找出自己心目中的"千里马"！

1. 林冲下岗

　　林冲，江湖人称"豹子头"，英俊潇洒，气宇不凡，可以说是要相貌有相貌，要文凭有文凭，要能力有能力，当年大学毕业之后，轻松地留在京师，进入大宋实业集团(大宋头号国有企业，大宋皇帝宋徽宗亲自出任董事长)工作。林冲也是从基层销售做起，一步一步慢慢爬上来，由于他爱动脑子，手脚麻利，做起事来也得心应手，一直受到宋徽宗的青睐，很快就爬到了大宋实业集团培训部经理的位置，日子过得相当滋润。

　　后来，林冲同京师大学的校花张某一见钟情，很快就坠入爱河，郎才女貌，一时算是羡煞旁人。正所谓乐极生悲，林冲的风光出现引起了已经迷恋张某多年的京师第一花花公子高衙内(此人系宋徽宗头号红人高俅的养子)的嫉妒，于是就苦苦哀求高俅帮自己除掉林冲这个情敌。高俅不胜其烦，最终也答应了。

　　从此以后，林冲再也没有什么好日子过了，在集团里处处受到排挤，培训部经理的位置也几近被架空，当摆设。那时候的宋徽宗，也已不再如刚即位时意气风发，激情飞扬，整天都忙着和大宋头号女明星李师师卿卿我我，在京师各大风月场所流连忘返，灯红酒绿，醉生梦死，全无心思理会朝政，一切事务皆由高俅、蔡京、童贯、杨戬等几个心腹在操办。在这几人的相互串通、包庇之下，徽宗对集团内部发生的一切事情都一无所知，更别说林冲这种小角色了。到最后，高衙内和集团的一些人干脆给林冲下了一个套，让林冲不知不觉中往里钻，最终以"莫须有"的罪名(盗窃集团商业机密)把林冲横扫出门！

　　莫名其妙地被人设计陷害，林冲感觉自己比窦娥还冤，但此时已"叫天天不应，叫地地不灵"，最终只能怀着无比愤懑的心情离开了大宋实业集团。失业之后，一下子从白领阶层掉到了温饱阶层，生活水平严重下降，就差没到京师街道办事处办理失业登记了。

心有不甘的林冲随后向京师的各大企业投递简历，惜乎犹如石沉大海，杳无音讯（不是林冲没有能力，而是京师其他企业的老板惹不起高俅和高衙内），再加上这几年大学毕业生供过于求，就业市场异常严峻，林冲失业一晃就是半年。当年风光的时候，那些和他称兄道弟的朋友，在林冲落魄之时，个个都躲得远远的，甚至还有一些人，手机上一看到是林冲的号码就说自己在外出差，帮不上忙，真是世态炎凉。

实在没有办法，林冲最终只能选择妥协——离开京师，先就业再择业，在沧州林业公司谋得一个仓管职位，开始了"骑驴找马"的生涯。但在林冲心里，也已经暗暗下决心：有朝一日，老子一定会卷土重来，扳倒高俅这支老狐狸，让高衙内死无葬身之地！

前几天，林冲非常兴奋地在《中原日报》看到高俅的对手——"忠义堂"面向全国招聘人才的广告，而且报纸上还附加该公司在全国各地举办的几场招聘说明会的报道，社会反响非常良好！林冲觉得这是一个好机会，可以借"忠义堂"的平台重新同高俅之流交手。但由于已经多次在招聘会惨遭"滑铁卢"，林冲对目前各种形形色色的招聘会已经产生了极大的敬畏，所以并没有参加"忠义堂"在京师举行的现场招聘会，而是决定直接到梁山泊登门造访，寻觅机会。

后周钱庄的老板柴进，同林冲关系一直都不错，同时又是宋江的老朋友——在宋江最落魄的时候曾多次接济他，宋江对柴进一直心存感激。因此，当柴进知道林冲将前往梁山泊求职之后，帮他写了一封推荐信，让他转交给宋江。

怀着柴进的这封推荐信，林冲似乎看到了自己东山再起的曙光和希望，于是决定只身前往"忠义堂"应聘，真可谓"千里投名，万里投主"，精神可嘉！

此时，"忠义堂"的招聘期限已过，但当宋江看到柴进的推荐信以及林冲的个人简历，就已经有破格录用的念头。不过，吴用对于像林冲这样的应聘者，多多少少还心存顾虑，毕竟一些事情谁也不知道是真是假，防人之心不可无啊！何况，尽管林冲在江湖上的名气很大，但毕竟是在一个垄断性的国有企业里谋事，是否有真材实料也是个问题，"是骡子是马，拉出来遛遛"不就清楚了吗？于是，吴用建议，还是先对林冲考察一段时间再说。

马儿马儿你快些跑！
忠义堂，等着俺！

出于对柴进的尊重，宋江和吴用当日还是安排酒筵，请林冲赴席。

酒至半酣，宋江起身对林冲说道："林兄，柴总推荐您来敝公司入伙，怎奈'忠义堂'粮食缺少，屋宇不整，办公环境很差，人力寡薄，恐日后误了阁下，亦不好看。宋某现在略备薄礼，望乞笑留，再寻个大公司安身歇马。切勿见怪！"

听到宋江如此一说，林冲一下子心里凉了半截，赶紧起身说道："宋总，俗话说'千里投名，万里投主'，在下凭托柴总面皮，前来投奔，如能加盟贵公司，实乃平生之幸。林冲虽不才，自当遵守职业道德，以全力开拓业务为重，勇往直前，鞠躬尽瘁，死而后已，乞宋总明察。"

宋江思索了一下，说道："林兄，不是做兄弟的为难你。感情归感情，生意归生意，如果您真的要加盟我们'忠义堂'，也不能搞特殊，还得和其他应聘者一样，须纳投名状！"

林冲便道："投名状？"林冲以为是要押金，所以往口袋摸……

吴用笑道："林兄，您误会了！但凡加入'忠义堂'，都须要纳投名状。所谓的投名状，其实也就是一个业务能力考核，即让您在规定的时间内完成一定的业务量。考核期为三天，三天内开单，你便可以留在本公司,薪水再行商定;如果没有开单,那么,为公平起见,林兄还得另谋高就!"

林冲问道:"是什么业务?"

吴用笑了笑,说:"'忠义堂'还能有什么业务?还不就是卖服装啦!最近,我们刚刚推出一款新潮服饰——'梁山好汉服'系列,如果林兄您推销得出去,自然您可以留下了;如果推销不出去,那只好真对不住了。"

林冲道:"哦,原来如此!这事不难,只要是好产品,林某还真不怕开不了单!林某明日就正式接受公司的考核!"

吴用看着林冲的背影,摇了摇那把扇子,露出一丝意味深长的笑。

2. 林冲的 "投名状"

梁山泊,"忠义堂"总店,阳光明媚,是个开单的好日子。

此时,在通往梁山泊风景区的必经之路上,吴用正在"忠义堂"门口临时搭起的舞台上亲自主持"忠义堂"新产品——"梁山好汉服"上市推介会。

吴用拿着话筒,扬着那套崭新而鲜红的"梁上好汉服"向台下的游客介绍说:"各位远方来的朋友!走过路过,千万别错过!别看这一系列服装普通,实际上他们有着极高的科技含量!它们都是选用梁山泊周边最精致的棉花做原料,同时辅之以先进的纳米技术材料,经过20道现代化制作工艺做成的,服装设计的每一个环节都经过严格的质量监控,符合人体美学的要求,真正达到令人看得舒心,穿得舒服,用得放心!还有,这一系列服装都是用特制的中药水浸泡过,有很好的医疗保健作用,对于治疗冠心病、糖尿病、高血压等富贵病有很好的疗效……"

台下有人问:"那这套服装多少钱呢?"

吴用说:"原价6000元。不过,为了回报广大消费者多年来对'忠义堂'的厚爱,现售价2000元,仅仅是原价的1/3,这已经是很便宜的了。"

大伙儿说:"2000元一套衣服,那也不便宜呀!"

吴用好像已经预料到大家的反应,于是说:"尊敬的顾客朋友们,你们可不要拿它和普通的服装相比,它可是高科技产品啊!贵不要紧,关键是要贵得合理,LV够贵吧?但大家为什么还是要争着买?还不是因为人家贵得合理……"

吴用凭借自己的三寸不烂之舌,很快就征服了过往的游客!随后,人们争先恐后地往前挤,把吴用围得水泄不通。

"不买对的,只买贵的!"看来这话放之四海而皆准。

是夜,林冲在"忠义堂"的客房里歇了一夜,写了一个非常完整的市场运作方案。

放下笔,林冲把方案看了几遍,心里很得意。

林冲很想拿这个方案让宋江看一看,但又怕他笑自己是空口说大话,于是把方案恋恋不舍地放进兜里,迷迷糊糊地睡着了。

早上起来,吃过茶饭,林冲马上前往"忠义堂"开在山涧的一个小分店上班。

吴用还专门给林冲派了一个小喽啰，说是业务督导，负责培训他的业务技能，但林冲心底清楚，这个小喽啰其实是来监视自己，但寄人篱下，又无可奈何。

林冲百无聊赖地坐在小店上，等候客人过往，但朝来暮往，等了整整一天，除了几个樵夫，几乎没有一个游客经过，弄得林冲闷闷不已，只好打道回府。

这一天，林冲至少明白了一个道理：做生意是需要人气的！

第二日大清早，林冲吃了一包方便面，又匆匆忙忙赶到另外一个分店上班。约摸午饭的时候，倒是有一个约300人的旅游团上来，不少人也嘻嘻哈哈地走进店铺看来看去，摸上摸下，但任凭林冲咬破口舌，就是没有一个愿意掏钱的！口干舌燥的林冲不禁对业务督导叹道："太倒霉了！考核了两天，一笔单都没做成，看来真的没有运气留在梁山泊了！"

这一天，林冲又明白了另外一个道理：做生意光靠人气也是不够的！

林冲回到房间，心中甚是郁闷，仰天长叹道："想不到我林冲，自诩才高八斗、学富五车，竟然落魄到连衣服都卖不掉的地步！我，还是当初那个朝气蓬勃、玉树临风、风流倜傥的林冲吗？"

当夜辗转反侧，夜不能寐。

第三日，林冲连方便面顾不上泡了，带着黑眼圈直接赶下山去。

幸运的是，中午时分，林冲终于签下了第一个单子！林冲在店铺同对方舌战几百个回合，对方终于被林冲说服买下了一套"梁山好汉服"！给林冲送来第一单的是江湖人称"青面兽"的杨志，其实当天他也是准备来竞聘的，觉得穿上一件"忠义堂"的服装去面试可能更容易博得考官的好感——这是林冲过后才知道的！

据一些老员工介绍，早在"忠义堂"还称"梁山泊"的时候，王伦就有意拉拢杨志入伙，但当时杨志刚踏入社会不久，正意气风发，一心想找个国企或是外企的工作，对王伦之流的个体户根本不屑一顾。

在杨志看来，国有企业有更多资源，并且职业生涯更有保障，而且还是成为公务员的最好途径。外企虽然也属于私有企业，但这些企业往往从事具备较大技术优势的产业，而且能支付更高的薪金。此外，外企对员工的作用理解得更为透彻,和员工建立的契约关系往往更合理,更有保障,所以对杨志更有吸引力。而王伦本人心胸就比较狭隘,他所创办的"梁山泊"云集着一帮地头蛇,排外情绪比较浓,像杨志这样的"外来的和尚"根本难以立足。

经过了多年的商海闯荡之后,杨志原来所供职的国有企业早已半死不活,尽管对外还没有宣布破产,但也已经同破产差不多,何时咽气也只是时间问题。没有办法,杨志不得不重新寻找出路!这不,听说"忠义堂"这几年发展势头很猛,有点后悔自己当初的选择,于是就专程前来竞聘。

由于林冲在"双规"(在规定的时间内完成规定的事情)期间表现良好,业务能力也得到了宋江和吴用的认可,最终被留了下来,后来专门负责店铺员工的培训工作。

至于前来面试的杨志,一方面他的那一套"梁山好汉服"确实博得了面试官的好感,认为他认同"忠义堂"的企业文化;另一方面业务能力也相当突出,能够带来大批新顾客,因此也顺利通过了"忠义堂"的考核,成为"忠义堂"的正式一员!

3. 关于时迁的争议

其实,现在每个人在涉足职场前,都会思考这么一个问题:究竟是去外企还是国企? 去民企还是政府机关? 以往,政府机关、外企、国企由于待遇好、制度规范、发展机会多,总是令人趋之若鹜,而民企却不怎么招人待见。

不过,"三十年河东,三十年河西",风水轮流转,随着改革进程的推进,民营企业这个昔日的"灰姑娘"已经变成了"火凤凰",受到越来越多的人的青睐,优秀的民营企业吸引着越来越多的优秀人才前来加盟,在业界已经声名鹊起的"忠义堂"就是其中之一。

不久之后,杨雄、石秀、时迁等人也慕名而来。

杨雄,江湖人称"病关索",原来是蓟州公安局的一名法医,多年来一直在这平凡的工作岗位上兢兢业业,也颇受局领导的赏识,局里已经有调任科长的意向。由于长期在外工作,待在家里的时间很少,冷落了家中娇妻潘巧云,趁杨雄上班的时候,寂寞难耐的潘巧云同当地的一个花花公子裴如海搞起了婚外恋,被杨雄的结拜兄弟石秀闯见。杨雄知道之后,一怒之下把姓裴的打成了残废,然后快刀斩乱麻,同潘巧云离婚。但身为执法人员,杨雄知法犯法,不仅被法院处以数额不小的赔偿金和罚款,而且还被开除公职。下岗之后,杨雄先在当地的一家小企业做了一段时间的业务员,还别说,他还真是块做生意的料。后来,由于慕名"忠义堂"的企业文化,所以决定辞职不干,前来投靠宋江。

石秀,江南人氏,江湖人称"拼命三郎"。石秀自幼父母双亡,流落到蓟州卖柴度日。在蓟州的几年,石秀几乎什么苦力都做过,送过外卖,做过建筑工人,当过快递员,卖过报纸,促销过牛奶……经过几年的磨炼,他还修炼出一套"死缠烂打"的推销方法(业界俗称"拼命三郎法"),在当地挺受一些小公司、小老板的欢迎。一次偶然的机会,石秀碰到一群流氓正在袭警,由于对方人多势众,那个警察几乎没有还手之力,石秀路见不平,拔刀相助,把那警察从鬼门关中救了出来,那警察就是杨雄,两人从此结成了异性兄弟!后来,因参与杨雄殴打裴如海事件,被处以十五日拘留,出来之后,在蓟州同杨雄一起打拼,这次也同杨雄一起来投奔宋江。

至于时迁,江湖人称"鼓上蚤",天生练就一身好功夫,手脚麻利,口才出众,做业务推销方面更是有一手,先后在多家大企业做过业务,市场战绩颇佳。时迁业务能力高,这是事实,但也有一个致命的弱点,那就是总是管不住自己的"第三只手",以前就多次因为盗窃公司财产而被"炒鱿鱼"!这次,时迁也是刚刚因在公司犯事而被"炒鱿鱼",所以想前来梁山泊碰碰运气。

在前来梁山泊的长途车上,时迁认识了也是去求职的杨雄和石秀,三人于是结伴而来,成为无话不说的好朋友。

由于杨雄和石秀两人综合素质都比较好,加上没有职业道德方面的污点,所以经过一段时间的业务考核,基本达到了宋江和吴用的要求,很快就签订了用工合同。

相对而言,时迁则令"忠义堂"异常头痛,内部高层人士的观点出现了空前的分歧。"忠义堂"元老晁盖,坚决反对录用时迁,认为此人品行恶劣,混入"忠义堂"的员工队伍之后,会把不好的习气传染给其他员工,容易恶化员工队伍,搞坏"忠义堂"辛苦经营起来的品牌,即便一时收敛,但江山易改,本性难移,其劣根性迟早都会暴露出来的。

为了证明自己的观点的准确性,晁盖还专门拿出一份关于世界五百强的用人标准来佐证:

许多世界知名企业为了挑选适合自身发展的可用之才,往往在人才招聘和使用过程中颇具匠心,鲜招迭出,虽然形式与内容都各具特色,但他们的择才标准和用人哲学却大有相通之处。

第一,诚信品质。这是名企用人的一个基本点和出发点,也是首要原则。名企在聘员工时,"诚信"是最被看中的东西,如果应聘者品行不符合公司要求,就算专业水平再高,工作能力再强,企业也不会录用。著名的宜家公司特别不能容忍欺骗,他们如果发现员工有存心欺骗公司的行为，就毫不留情地将其扫地出门，并且不会再给他们第二次机会。

第二，团队精神。许多名企都尊崇"员工就是合伙人""企业就是大家庭"的管理理念。他们并不强求员工个人能力都非常强，但必须有团队精神，服从团队利益，他们利用企业文化把员工紧紧拧成一股绳，抱成一团，成为市场竞争中的锐利武器。

第三，创新激情。企业发展必须要有创新精神。名企用人不仅看他是否能胜任现任工作，更重要的是要有创新精神。微软公司宁愿冒失败的危险，任用曾失败的人，也不愿要一个处处谨慎却毫无建树的人。英特尔公司在高校招聘时，更喜欢招各科虽是 3 分，但富有创意，最好完成过颇有新意项目的学生。正是凭借这种冒险精神和创新意识，使得微软和英特尔能够成为计算机业中的巨人。

第四，发展潜能。名企重视文凭，但文凭只是敲门砖，更看重的是你未来的发展潜质。日本东芝株式会社致力推行"适才所用"和"重担子主义"，给员工动力和压力，使他们的潜在能力得以发挥，个人价值得以实现。飞利浦公司对员工进行业务评估工作时，除业务评估外，还对员工做潜能评估，而后针对性地开展培训和选拔，使员工更有热情和动力，工作效率大幅提高，个人能力进一步增强，真正实现了员工与企业的同步发展。

第五，学习能力和求知欲。UT 斯达康、欧莱雅、安永等众多知名企业十分重视应聘者是否具备良好的学习能力和强烈的求知欲。尤其在招聘应届毕业生时，企业往往将学习能力和求知欲作为考查的重点。因为刚毕业的新人往往不具备直接进行业务操作的能力，基本上都要经过系统的培训。很多跨国公司表示，公司不是很在乎应届生与公司要求之间的差距，因为他们对于自己的培训体系非常自信，只要有强烈的求知欲和良好的学习能力就一定可以通过系统培训脱颖而出，因此在面试中这两项考核十分关键。

第六，融合程度。企业在招聘过程中常常会考虑到员工是否能够认可和适应该企业的价值观和企业文化，这将决定员工是否能够很好地为企业服务。例如 SONY 公司在招聘过程中把员工能否适应其企业文化作为重点考核内容。

4. 水至清则无鱼，人至察则无徒

不过，无论晁盖等人如何反对，宋江和吴用还是坚决主张签下时迁，因为他们认为即便在科技已经高度发达的今天，人们依然还没有发现一种完美的生灵。在南方生长的果类到北方可能就水土不服，长不出果实，我们不能视之为草芥；米兰花香气袭人，却不鲜艳，玫瑰花色香俱全，却有刺，我们不能报之以冷眼；老虎、毒蛇会伤人，我们不能将其置之以死地……我们对待动植物必须发挥其特长，精心的呵护。

对待人才，我们如果要坚持正确的用人导向，就必须破除论资排辈、求全责备、迁就照顾，选人用人，不拘一格，重品德、重能力、重业绩，在实践中培养、锻炼、识别人才，真正让想干事的人有机会，能干事的人有平台，干成事的人有地位。古人云："君子不施其亲，不使大臣怨乎不以，故旧无大故，则不弃也；无求备于一人。"鲁迅先生也曾说："倘要完全的书，天下可读的书怕要绝无，倘要完全的人，天下配活的人也就有限。"这些都告诉我们用人不能求全责备。

或许，很多人都知道《晏子使楚》文中人物晏子舌战楚王的精彩场面，假使齐王按照"完人"的标准取人，求全责备起来，恐怕就不会给后人留下如此美谈了。"千古第一相"诸葛亮，忠诚、勤奋、聪慧，料事如神，能"运筹帷幄之中，决胜千里之外"，但他的最终结局却是六出祁山，无功而返，魂归五丈原。造成诸葛亮失败的原因很多，但一个非常重要的原因他在选人方面存在太多的错位，总是习惯求全责备，最终造成了"蜀中无大将，廖化作先锋"的尴尬局面。

人才短缺，原因很多，但根本不出人才的时代、地方是没有的。正如唐朝的魏元忠所言："何代而不生才，何才而不生代？""士有不用，未有无士之时。"蜀中缘何无大将？皆因"择人求全责备，水至清则无鱼,人至察则无徒"!

宋江认为,作为一个老板,当然希望在每一次招聘中能够获得德才兼备的人才,但我们更应该明白,金无足赤,人无完人,"良匠无弃木,明主无弃士",不能求全责备,要看大节、看主流,若选十全十美之人,实际上是一个也选不出来,甚至连自己也不能入选!

在现实生活中,很多老板在招聘员工时,首先考虑的应该是"才",即他能不能帮我做事,帮我提高效益,带来更多利润,而当这个员工真正做到了老板所希望做的事情后,老板往往又会发现了这个员工不少的缺点,比如不能很好地团结其他同事,对企业忠诚度不够高等。在这个时候,老板会非常痛苦和无奈,觉得好不容易才找到一个会做事的人,但却不能很好地融入这个集体。

在任何一个时代,要找到一个既有能力又品德高尚,而且还对企业百分之百忠诚的人,几乎是不可能的,求全责备只能使自己陷入更大的误区!一个合格的老板,当真正发现一个可用之才后(这个人才可能是能力高的,也可能是忠诚度高的),应该有意识地使用他的强项,并尽量规避和减少他的弱项对企业造成的影响。对于员工们那些缺点,如果不是影响到企业核心利益的,可以通过诱导和培养的方式让他逐步走入企业理想的发展轨迹,不必过于紧张。而诱导和培养应该是有计划、有目的的——对于能力素质差的,则需要培训;对于品德差、忠诚度差的,则需要企业文化感染。

因此,宋江认为,从某种意义上看,现在的时迁也只不过是员工白胜的"升级版",既然白胜都已经可以在"忠义堂"独当一面,做得好好的,那么大家为何不同样也给时迁一次机会呢?"铁打的营盘,流水的兵",大家对此也不应该有太多的犹豫和顾虑。

在宋江和吴用的一再争取之下,晁盖等人最终被说服,同意签下时迁。

不过,宋江在签下时迁时也强调,一个人有独当一面的能力,并非意味着可以因"瑜"掩"瑕",倘若短处上升,长此以往,就会"长"将不"长"了。也就是说用人者不求全责备,就是要发挥其特长,但对其短处不能视而不见,必须防微杜渐,帮助其逐步完善自我,让其为企业发展服务,让其感受企业的温馨。

后来的事实也证明了宋江的判断,时迁成为"忠义堂"的一员之后,再也没有违反职业道德的事件发生,对"忠义堂"无比忠诚,多次为"忠义堂"壮大发展作出突出贡献。

5. 诚邀卢俊义

话说宋江在吴用的建议下,四处招兵买马,眼见"忠义堂"日益壮大,人才济济,宋江也开始飘飘然起来,感觉自此高枕无忧矣,可以在家坐等利润上门了。

吴用久经沙场,自然对宋江此时的心态揣摩得很透,也深知这种心态可能带来的恶果,但是他同时也知道,面对眼前的一帆风顺,宋江未必能够再次接受自己泼冷水,索性就什么都不说,静等合适的机会再做建议。

不出吴用所料,宋江的舒服日子没过几天,"忠义堂"就出了一件大事:大宋服装集团山东办事处突然有人上门,说其公司总部紧急需一批服装,现在他们的时间、货源紧张,不能满足公司总部的要求,就想寻找别的渠道来顶上这批货。山东办事处的人早就注意到"忠义堂"了,对小小的"忠义堂"(虽然在宋江眼中这已经是很大的了)还有几分忌惮。但此时无奈,只好找"忠义堂"暂解燃眉之急。

对方需求量比较大,下面的员工不敢擅自做主,紧急联系宋江。当时,宋江正好在外地考察,急切之间找不到做主的人,下面的员工又没有敢承担这个风险的。办事处负责人本来就对与"忠义堂"合作犹犹豫豫的,见这边不能尽快给确定的答复,很快就另寻途径解决了问题。等宋江回来得到消息,再与对方联系已经晚了。

宋江气得直跳脚,对店里的员工恨得咬牙切齿。

吴用感觉时机成熟,当天晚上弄了两个小菜,以给宋江消气的名义将其请到了自己家中。

宋江坐下二话不说,先黑着脸喝了一杯酒。

吴用哈哈一笑:"老宋,还为那单子的事情生气啊?"

"那当然了。老吴,你说说,这事我能不生气吗?那么大一个单子,需要我们店铺上下风风雨雨多长时间才能赚到手啊?想我'忠义堂',也算是壮大起来了,就这么小一件事,我不在店里竟然就没有人能够处理好!这么多人算是白养了!"

"老宋你此言差矣!传出去会寒了兄弟们的心哪!其实这事儿,即使今天不发生,按照我们店铺目前的状况发展,也是迟早会出现的。"

宋江闻言有点吃惊:"老吴,此话怎讲啊?"

"老宋,你大概已经忘记了当初说过的话了?"

"哦,什么话呢?"

"很久很久以前,南边有一小国,人口不多,但物产丰富,人民自给自足,不需与外国交往、贸易。国王满足于国家的状态,整日嬉戏,不思国家继续发展,整个国家处于封闭状态。初时倒也没有大碍,但是整个世界在继续向前发展,别的国家很快兴盛起来,一些小的国家壮大,大的国家更强,这个小国已经被远远地抛在了后面。过了几年之后,这个小国发生灾祸,外国势力早就眼馋小国的物产,乘机入侵,整个国家武备空虚,根本无力抵抗外来侵略,国家很快灭亡了。什么原因?很简单,忘记了进取,满足于现状,不能认识到自身的缺陷所在。灭亡只是迟早的。

"还记得您说过的'忠义堂'的目标吗?集团公司啊!现在人才聚集起来了,店铺也发展壮大了,但是真正达到一个集团公司的要求了吗?虽然现在我们距离集团公司还有很长的路要走,但是从今天的事情来说,难道目前店里的人才就能够满足现有的需求吗?没错,燕青、石秀、花荣、李逵等人在卖货上都是一流的,这没得说,他们是卖手人才;但是,一个集团公司,甚至是目前这样一个大店,需要的是什么样的人才?一个大厦,要想能够在风雨中屹立不倒,需要的不仅仅是外部的坚固,更需要是内部的柱子,没有坚实的柱子的支撑,再大、再高的建筑最后也会稍有风吹草动就轰然倒塌。

"现在的'忠义堂',表面看起来是红红火火,对于一个店铺来说,它的确也算发展得很不错;但是对于您的目标来说,还是差得很远的。目前店铺的发展,其实已经到了一个瓶颈阶段:人才是储备了不少,已经超过了一个店的需求,人虽然多,但是对于这个单店的业绩提升效果是不明显的。现在我们迫在眉睫的是,先打造出几根柱子,等柱子能够支撑起店铺的大厦,我们再开一家新店。人才分出去,由单店到多店,这样才能真正地朝着集团公司迈进啊!如果安于现状,任由问题继续存在,最终,'忠义堂'只能是被市场淘汰,死无葬身之地!"

一口气说完这些,吴用不再说话,给宋江留出思考的空间。

宋江没有想到,就在这么一件事情上,却能令吴用引发出这么多的见解。之前对于这件事,宋江虽然生气,但只是心疼钱,心疼这么大一笔单子的错失,他没有深层次地考虑这件事情暴露出的内部问题。

吴用的一席话,惊醒了还陷在满心幻想中的宋江。虽然这些话很不留情面,但是宋江知道,吴用不是危言耸听。是啊,当店铺开到一定程度,发展到一定阶段,该怎么办?"忠义堂"占据了梁山泊市场,但是比起全国,小小的一个梁山泊又算得了什么?这次大宋实业集团的大单,为什么"忠义堂"没能抓住?如果"忠义堂"是一个在全国都有影响力的集团公司,大宋实业集团与"忠义堂"合作还能是一件随随便便、可有可无的小事吗?

吴用看宋江已经想了不少了,再次向宋江发问:"老宋,您目前看待'忠义堂'是生意呢,还是事业?"

宋江收回思绪,有点儿吃不准吴用的意思,迟疑了一下说:"这两个词,好像是差不多的吧?"

吴用摇摇头,说:"表面上看来,这两个词意思是差不多,一个是通俗的说法,一个是书面的说法。但是其实里面包含了观念上的问题。生意包含的意思是,今天衣服卖一件算一件,顾好眼前就可以了;事业包含的意思是,想方设法把经营的生意做好、做强、做精。在经营单店的时候,你注意的可能是如何做好眼前的生意,如何提高销售,如何提升店铺名气等。但是发展到现在,你就不能还是这样子了。你现在不应该还停留在单店的思维上,你不再是一个小老板,你应该是一个管理者。什么是管理者?管理者就是让他人把你想做的事情替你做好。

小老板忙着做事,大老板忙着用人;赚小钱的时候靠的是自己,赚大钱的时候一定靠别人。"

宋江听得眼前一亮,赞道:"好一个让别人把你想做的事情替你做好! 老吴,您说得对,我之前一直做的是小老板啊! 我不是没有用人,但是用人的层面是停留在小老板上的。我是应该尽快成为一个合格的管理者! 这还需要吴先生您多多帮助我。就目前的店里来说,您感觉谁是店铺的柱子呢?"

"现在可以说是没有! 要知道,柱子并不是想要就有的。我们是有一批很优秀的员工,但是要他们现在就成为柱子,还是很困难的。"

"啊,那您的意思是说,现在的都是不堪大用的了?"

"不,现在要他们做柱子是勉强了,但是不代表他们就永远也无法长成柱子。柱子的要求是——对老板的高度忠诚,业务能力上出类拔萃,管理上也能够有自己的方法。柱子要能够在老板不在的情况下处理紧急事务,不至于错失良机。这样的柱子才是优秀的柱子,但是并不是很轻易就能得到的,往往是需要自己长期的培养。现在我们的员工都是对'忠义堂'很有感情的,能力也很不错。但是种子要想成才,种子自身是一方面,良好的外部培养条件也是一个重要的因素。我们的员工只是缺少柱子的培养。经过培养之后,相信还是能够出现一批合格的柱子的。人已经选了出来,下面就是如何培育、朝哪个方向培育了。目前我们可以先招聘一两个具备柱子能力的人。我有一个朋友,叫卢俊义,江湖朋友都称他为'玉麒麟',以前也在业内干过,不过因为资金和内部人员的一些问题,现在在家等待机会。此人无论人品、资历还是经验、能力都是出类拔萃的,您可以找他谈谈。"

宋江听了吴用的话,总算是松了一口气:"好,就请您明天就为我作一个引见。"

次日一大早,吴用就带着宋江见了卢俊义。

宋江跟卢俊义沟通了一些管理方面的情况,感觉卢俊义在管理方面做得竟然比自己还好,一些想法也很合自己的心意,两人越说越开心,越聊越投机,一直聊到了午后二人还不知疲倦。

最后,宋江诚恳地对卢俊义说:"老卢,大家志趣相投,既然现在您在家也是无事,就请您出山,咱们一起干吧!"

卢俊义也很激动:"没想到我有这么多的想法都能跟您产生共鸣!如果您不嫌弃我之前的失败,我愿意为您的也是我的理想略尽绵薄之力!"

宋江握着卢俊义的手开心地大笑起来:"能够得卢兄鼎力相助,相信'忠义堂'发展成为集团公司是指日可待了!从今天开始,您、我、吴用、公孙胜就是'忠义堂'的'四大金刚'了,日后公司的股份必定有您三位一份!"

随后,宋江很快就向所有的员工介绍了卢俊义。

大部分员工都听过"玉麒麟"的名声,卢俊义很快就融入了"忠义堂"的氛围,跟吴用一起有意识地培养一批有柱子潜能的员工,为"忠义堂"从单店到多店做好了准备,更为未来的集团公司打下了基础。

看着这些"柱子"快速成长起来,宋江欣喜异常,这下,大概是真的可以高枕无忧了。

资料链接 >> 沃尔玛的选人、用人之道

沃尔玛公司是建立在一些非常朴素而基本的价值观和信仰基础之上的。公司关于人的哲学的一个主要基础就是:我们的同事创造非凡。沃尔玛一直秉承尊重个人、服务顾客、追求卓越这三大基本信仰。在尊重个人方面,沃尔玛尊重每位员工提出的意见并使用开放式的管理哲学鼓励员工多提问题、多关心公司。并且,经理们都要贯彻"公仆领导"的精神,通过培训、表扬及建设性的反馈意见帮助同事认识、发掘自己的潜能。在顾客服务方面,沃尔玛认为"顾客就是老板",并尽一切所能使顾客感到在沃尔玛购物是一种亲切、愉快的经历。"三米微笑""日落原则""保证满意"等沃尔玛特有的顾客服务原则促使沃尔玛员工亲切问候所遇到的顾客,承诺为他们提供及时的帮助,并保证他们体验放心购物的舒适感觉。在追求卓越方面,沃尔玛鼓励所有

员工群策群力,追求个人事业和公司的共同发展。

在沃尔玛,每一位新入职的员工都要接受系统的涵盖公司文化的入职培训及专门的文化培训。员工入职之后也会在工作的各个环节当中接受到公司文化的熏陶。公司文化的元素也被融入到公司组织的各项职业和领导力的培训内容中。另外,公司管理层在文化推广和执行方面担当重要角色。为了确保在每一位公司管理层的日常行为当中体现公司文化,沃尔玛把文化的内容转变为一些行为指标并使其成为管理层绩效评估的一项主要内容。

沃尔玛员工的聆听技巧是非常著名的。因为沃尔玛培训员工要聆听,对他人的想法和需要作出反馈。沃尔玛鼓励员工对周边影响他们的事情向其主管诉说。主管希望听到员工的意见、想法和问题,因为员工有沃尔玛想听到的主意。沃尔玛相信其领导是服务于员工的。主管是引导、支持、鼓励和创造机会来帮助每一位员工取得成功的。这些原则就是著名的公仆领导。

1. 沃尔玛注重人员培训

沃尔玛为各个部门建立完善的培训体系并提供专业系统的培训课程,可简单分为如下两类:一是工作所需的专业技能培训,例如新员工岗位职能培训、新店管理层培训、营运管理培训、部门专业知识培训、采购谈判技巧培训、物流知识培训等。二是提高个人素质和管理能力的培训,如领导艺术系列培训、顾客服务系列培训、跨部门轮岗培训、跨部门公开课及培训员课程等。此外,根据各部门的现状和实际需求,还开发和提供一些专题培训和新的培训项目如零售培训店、鲜食学院、沃尔玛高级采购培训项目等,以更好地支持公司实现其战略目标,从而帮助所有员工不断成长,培养沃尔玛的未来领导人。

2. 沃尔玛杜绝歧视

沃尔玛不会容忍任何形式的歧视。员工不会因种族、肤色、年龄、性别、宗教、残疾、国籍或兵役等情况受到区别对待。沃尔玛制定了一系列政策及规范来保障员工权益,杜绝歧视现象。其中"门户开放"政策为员工提供了各种沟通的途径。此外,沃尔玛还要举行由全体员工参加的"基层调查"、全体员工大会(每年一次)、周六早会、店内员工沟通会。员工能够就任何问题与管理层随时沟通,提出意见及建议,使管理层能够及时采取适宜的行动和给予回复。同时在员工手册中明确规定不允许存在任何歧视。在过往的四十多年中，员工已经成为沃尔玛成功不可分割的一部分，聆听员工的意见已经成为沃尔玛事业突飞猛进的关键因素。

3. 沃尔玛如何招聘

沃尔玛对人才的需求在质和量上都不断有新的变化。

随着公司业务发展，沃尔玛的人力资源理念也随之而发展。

好的人才是沃尔玛的核心竞争力，吸纳人才、留住人才、发展人才是沃尔玛的人力资源战略。在确保招聘到合适的和能融入公司文化的人才同时，沃尔玛也注重人才的多元化和本地化。为了留住人才，沃尔玛提供有竞争力的薪酬福利计划和良好的公司文化，也特别制定了挽留政策。在发展人才方面则有针对性地向员工提供大量的培训和发展机会，其中也包括海外学习机会，从而让员工能和公司共同成长。

4. 沃尔玛招聘策略及选才标准

沃尔玛根据自身的发展需求有不同的招聘策略，从内、外两个渠道，通过内部猎头、员工推荐、重新雇用三个方式招聘各类优秀人才。此外，还实施了"管理人才储备计划"，最重要的选才标准是要认同公司的文化和价值观。沃尔玛在关注应聘者的专业技能之外，还会非常看重应聘者的发展潜力，因为沃尔玛希望公司的员工能够随着沃尔玛的高速发展获得个人职业生涯的不断发展。

5. 什么样的人可以加入沃尔玛

(1)沃尔玛对人才需求的基本原则始终如一，包括：尊重个人、服务顾客、追求卓越，对零售服务行业有兴趣，对公司文化有认同感，诚实敬业等。

沃尔玛公司在关心求职者的工作技能、经验的同时，更看重个人的品德，是否具有优良的品德是作出聘用决策的前提条件。沃尔玛特别强调如下方面：

——诚实正直：诚实的信誉是沃尔玛最大的财富之一，沃尔玛要求员工也必须是诚实和正直的，包括面对顾客、同事及公司。

——团队精神：沃尔玛成功的一大秘诀在于拥有齐心协力、创造非凡的优秀团队，它是沃尔玛成功的基本保证。

——服务意识:超出顾客的期望是沃尔玛对顾客的承诺。顾客不只是那些在沃尔玛商店购物的人、供应商或政府工作人员,而是沃尔玛接触的每一个人,包括每位同事。

——工作热情:沃尔玛需要员工真正热爱零售业,以积极热情的态度、强烈的工作投入实现他们与沃尔玛公司的共同发展。

(2)沃尔玛对人才的需求在质和量上都不断有新的变化。

因为沃尔玛寻求的是长远的发展,以"百年企业"的精神来经营我们的业务,所以人才需求的量将会越来越大,尤其是管理层的需求。沃尔玛是本着学习的心态来开展我们的业务的。为了尽快适应新市场,沃尔玛需要更多具有创新精神和冒险精神的专业管理人才。

(3)随着公司业务发展,沃尔玛的人力资源理念也随之而发展。

增强多元化是公司招聘工作的重点之一。沃尔玛相信零售业面临越来越多的多元化市场需求,因此,沃尔玛希望从员工身上能够反映出其服务顾客和社区的多样性。多元化的工作环境其最终目的是让每一位员工在协力达成公司共同目标的同时,有良好的个人发展。因此,对于每一位应聘人员,不论年龄、性别、宗教信仰、是否残疾等,沃尔玛都要为他们提供平等的就业机会。

沃尔玛要让每一位应聘者知道,沃尔玛提供的不仅仅是一份工作,而更多的是个人职业发展的机会。随着沃尔玛的不断发展,为每一位有志于零售行业的人才提供了广阔的职业发展前景。

管理心得 >>

世界顶级企业的成功在很大程度上取决于员工的优良素质。为了保证员工具有优良的素质,世界顶级企业在选人、聘人、用人时,除了一些共性的要求和条件外,都有各自独特的要求和标准。

选人有个角度问题,先看他能干什么,再看他不能干什么,颠倒过来就大不一样。识人如辨物,美玉与顽石一看就知分晓,但似是而非的赝品能把人难倒,像玉的石头就是珠宝专家也会头疼的。用一君子,则君子竞进;用一小人,则小人群聚。可以说,选人问题事关事业成败和人心向背。

现代人力资源管理中流行这样一句话:合适的才是最好的。其意是:只招合适的,不招优秀的。客观上讲,这句话很对,因为企业在不同的发展时期需要不同的人才结构作支撑。但是,从理性上来分析,如何选对合适的人,具体到某次招聘工作,操作起来并非易事。

企业管理者在选人、用人的时候,一定要有识别人才的慧眼。如果管理者不独具慧眼,即使人才就在眼前,恐怕也会因此而错过。识才须看本质。要察言观行,尤其是观行,这是识别人才本质的根本方法。要善于识别不同类型的人才。人各有才,只不过是才能有大小之分、方向之别。管理者必须从事业和工作要求出发,决不能从个人好恶,或按自己的模式,去识别和评价人才。识才不容易,这就要求管理者不断提高自己的素质,只有高识的管理者,才能识出高才。

在选人、用人的问题上,尤其需要注意在德与才之间找出一个平衡点。有德有才的人毫无疑问要用,是不可多得的好员工,也会是企业的骨干和社会的中坚力量,但实际上德与才都同时具备的员工是可遇不可求的。有德无才的人不必用,大事办不了,小事办不好,不是块好料,为什么要勉为其难? 有才缺德的人不可用,不做工作是小事,干扰工作或破坏团结无论如何也无法原谅。品德才能都一般的要用,"十个指头有长短",选人最忌求全。品德一般、才能突出的人要用,要给他压任务还要加强对他的监督,他会成为整个集团的左膀右臂。才能一般、品德优秀的人要用,有责任心,有正义感,有热情,有凝聚力,这种人是正气形成的主要力量。

当然,"路遥知马力,日久见人心"。识才,往往还需经过长时间的检验。俗话说得好:"患难识忠奸。"如果在企业困难危险时刻不见人影,而在顺利和有利可图时却萦绕周围的人,通常多是无才之人,即便有才干,也是缺少贤德,而不可重用。古今中外有不少管理者在危难时能重用人才,而在顺境时却用庸才和奴才,结果葬送了事业,也毁了自己的信誉,后人应引以为戒。

第四章

"智多星"笑谈员工培训

　　培训是店铺发展的原动力。正如松下幸之助所言:"出产品之前先出人才,教育是现代经济下企业发展的杀手锏。一个天才的企业家,要不失时机地把培养和训练员工排在重要的工作日程,教育训练好员工,预示着企业的成功,只有傻瓜和想把企业推向悬崖峭壁的人,才会对教育置若罔闻。"

1. 师师生气了，后果很严重

尽管被高俅等人挖墙脚，但"忠义堂"却因祸得福，在吴用的精心策划下，其人才大招募活动获得了空前的成功，潇洒走一回，从全国各地招揽到一大批优秀人才。不仅如此，还成功地实施了"反间计"，从高俅手中挖到呼延灼、秦明等悍将，也令高俅一下子乱了阵脚，业务推进速度放慢下来。

可以说，此时的"忠义堂"，人才阵容达到了空前鼎盛，其中的一百多个核心员工后来被业界冠以"梁山一百单八将"的称号！优质的产品，再配以优秀的人才，"忠义堂"一下子就把前段时间被高俅等人打压得喘不过气来的颓势扭转过来，其声势在业界也显得更加浩大，即便是高俅本人，也只好暂时避开他们的锋芒。

"忠义堂"的生意红红火火，眼看发展壮大是指日可待，宋江整日笑得合不拢嘴，"忠义堂"美好的未来仿佛已经展现在了眼前。不过，随着时间的推移，一些新问题也逐渐暴露出来。在工作中，一些导购业绩逐渐提升，直追老员工，如呼延灼、阮小二等人；而一些人因提高不明显而丧失了信心，并且开始影响周围员工的情绪，像与石秀一起来应聘的时迁就是如此。

宋江准备把一切不利的苗头掐掉，清理这些可能在日后成为隐患的"淤血"，但一时半会儿又解决不了，不胜其烦。于是，宋江又找到了吴用，大倒苦水："学究兄，前段时间被高俅、童贯不断挖墙脚的时候，我每天都提心吊胆，夜不能寐，一心想着如何保住'忠义堂'这份基业。在你的帮助下，我这次可是重拳出击，广纳天下英才！我想，刘备当年求贤若渴的情形估计也就是这么回事了吧？"

"那是，那是。"吴用不得不承认。

"可是，人才多起来了，又让我开始头疼了。你看看现在咱们招进来的这帮人，脑子还算不错，可差子出的也实在太多了。很多人服务态度差，对顾客爱理不理；服务不规范，一些导购对产品一问三不知；一些导购甚至还经常不给顾客好脸看，弄得很多顾客怨声载道，投诉电话简直打爆了我的手机！"

"有这么严重吗？"

"可不是嘛！更严重的还在后头呢，前段时间你出差的时候，大宋实业集团的董事长宋徽宗亲自陪当红明星李师师前来梁山泊旅游，期间也顺便光顾了咱们的店铺。你想，人家李大腕愿意光临咱们店，是多好的一个免费广告的机会啊？"

"那当然！"吴用附和道。

"结果怎样？负责接待的秦明、呼延灼脾气暴躁，一个劲儿地嫌人家太过磨蹭，衣服试来试去，半天也没有下决心，简直是浪费时间，所以一直在人家旁边说一些不耐烦的话！人家李大腕一时脸上无光，挂不住，怒气冲冲地下山去了，弄得宋徽宗也一个劲儿怪我不懂教员工做事！没有办法，这几天我只好先把他们几个撤了，静闭几天之后再做决定。学究兄，您有什么好点子来解决这个问题啊？"

吴用轻轻摇了摇扇子："这个问题嘛，是每一个店铺招募新员工后都普遍存在的问题。对一个店铺来说，导购工作的方式、方法直接影响着其销售数量，因此，如何去规范导购员工的工作和服务，激发他们的工作热情，增强他们的忠诚度，将是目前我们工作的重中之重！我们这一次反击高俅之所以获得成功，是因为我们占尽天时、地利、人和，以后恐怕就没有这么好的机会了！天时和地利需要临场的把握，我们唯一能够左右的就是人和。"

宋江接过话："也就是说，目前我迫切需要解决的就是导购的工作规范问题了？"

"是的，但这只是问题的一个方面。一个店铺就犹如一部机器，由各个部件组成，要维持机器正常运转，就必须保证各个零件都完整无损。导购就像一部机器的一个部件，是店铺重要的组成部分，导购做

得好,生意自然就会好;导购工作不到位,业绩自然就下滑。如果店铺里面导购整天没精打采,见了顾客爱答不理,顾客一问三不知,怎么可能有客户上门?怎么可能说服顾客购买衣服?又怎么可能有好的销售业绩?"

"那么,怎样才能将我们的员工队伍打造成为一支稳定的、极具'杀伤力'的精锐部队呢?"

吴用又是微微一笑:"公明兄,您不妨先看看这篇文章。"

吴用转身从背后的书架上拿出一本杂志,翻到其中的一篇文章,同时从里面拿出一张纸条,递给宋江说:"公明兄,京师大学的一名企业管理专家刚刚在全国核心期刊《大宋管理科学》发表了一篇文章,挺有见的。您不妨先看看,或许对解决我们目前的工作有所启发,这里还附带我个人的要点分析!"

宋江赶紧翻开,慢慢地品读。

企业对员工培训的几个认识误区

1. 培训流于形式。对培训内容的选择比较盲目,对培训课题的确定不够细致,针对性不强,缺乏系统性,往往是社会流行什么,自己也培训什么,培训工作最终流于形式。从表面上看,企业培训工作开展得轰轰烈烈,其实根本是无的放矢,效果可想而知了。

2. 培训是一种成本。不少企业偏重市场运作，在广告宣传上往往不惜"一掷万金"，渴望得到立竿见影的效果，但却忽视了回报周期比较长的"培训"投资，总是错误地认为：培训是一种成本！既然是成本，当然是能省则省了。

3. 效益好时无需培训。不少企业管理者认为，企业效益好时无需培训。其实不然！须知今天企业效益好，并不意味着明天效益依然好！在企业经济效益好时，只有适当加强培训，才可以保持企业可持续发展，保持市场竞争力。

4. 效益差时砍掉培训。很多企业一旦经济效益不好，就会因资金不足而减少培训，或者干脆不培训。其实，这种做法是很危险的——如果不培训，员工的态度、技能、知识就不可能提高，企业转亏为盈也随之成为空话。

5. 高层人员无需培训。很多企业管理者往往错误地认为，培训只是针对基层员工和新员工，高层人员无需培训，因为他们经验丰富，本来就是人才。其实，一个企业高层管理人员的素质高低对于企业发展的影响最大，因而他们更需更新知识，改变观念。

6. 投资培训急功近利。不少企业对员工培训急功近利，恨不得用两三天时间就使员工的素质发生质的变化，把培训当作一剂灵丹妙药，误以为能药到病除，立刻为企业创造绩效。员工培训，其实是一个长期的过程，伴随企业成长的每一个阶段，来不得半点"大跃进"。

7. 担心员工另谋高就。一些企业管理者心中往往困惑：不培训，人员素质跟不上，影响企业效益；培训后，员工又不安心本职工作，弄不好，跳槽到别的公司，更可怕的是跳槽到竞争对手的公司。因此，对待这一问题，不少企业只能无奈地选择了这样的做法：只培训眼前必须的内容。实际上，员工真正流失的原因并不是源于培训。据调查，员工跳槽的最大原因是"公平"问题，还有福利问题、制度问题、人际沟通问题等。

一口气读完这篇文章，宋江感觉豁然开朗，略略明白了是怎么回事：这些年来，"忠义堂"习惯于把工作重心放在招聘上，而有意无意地忽视了对员工进行必要的培训、教育工作。同样，这次招聘进来的新员工，也没有得到系统的上岗培训，除了那些应届毕业生接受了简单的业务培训,有经验的新员工根本没有接受过任何培训就直接上岗。但由于他们来自不同的企业,文化背景不同,工作规范不一,因此,他们来到"忠义堂"之后,工作不规范、服务质量参差不及自然也是难免的了。

2. 做一天和尚撞一天钟

收获颇多的宋江意犹未尽。

接着,吴用又给宋江讲了一个故事:

有一个小和尚担任撞钟一职,半年下来,觉得无聊之极,"做一天和尚撞一天钟"而已。有一天,主持宣布调他到后院劈柴挑水,原因是他不能胜任撞钟一职。小和尚很不服气地问:"我撞的钟难道不准时、不响亮?"老主持耐心地告诉他:"你撞的钟虽然很准时、也很响亮,但钟声空泛、疲软,没有感召力。钟声是要唤醒沉迷的众生,因此,撞出的钟声不仅要洪亮,而且要圆润、浑厚、深沉、悠远。"

听完之后,宋江不知道吴用葫芦里究竟卖的是什么药。

于是,吴用开始分析这个故事:"以我个人的观点来看,故事中的主持其实犯了一个常识性管理错误,为什么'做一天和尚撞一天钟'的工作,小和尚做不好,撞不出感觉?那是由于主持没有提前公布工作标准造成的。如果从小和尚进入寺院的那天起,主持就给他讲明撞钟的标准和重要性,并接受必要的标准培训。我想他也不会因怠工而被撤职。同样,在一个店铺里,工作标准是员工的行为指南和考核依据,缺乏工作标准培训,往往会导致员工的努力方向与企业整体发展方向不统一,造成不必要的人力和物力资源浪费。因为缺乏参照物,时间久了,员工往往容易形成自满情绪,导致工作懈怠。"

因此,在吴用看来,企业重视员工培训工作,至少有以下几个方面的意义:

第一,增强企业竞争力。"终身教育""学习型组织"的提法和概念都表明,人力资源的开发和培训已经成为企业增强自身竞争力的重要途径。著名的企业管理学教授沃伦·贝尼斯曾经说过:"员工培训是企业风险最小、收益最大的战略性投资"。随着知识和技术的更新速度加快,企业需要不断创新和引进新设备、新技术、新工艺、新知识,这就要不断地对员工进行培训。通过培训可以增强员工对企业决策的理解和执行能力,使员工掌握企业的管理理念和先进的管理方法、技术,不断提高企业的市场竞争力。

第二,缩短新员工适应工作岗位时间。研究发现,新员工在刚到企业的一个过渡期内(通常是三个月到半年)将会依自己对企业的感受和评价来选择自己如何表现,决定自己是要在公司里谋求发展还是将其作为跳板。那些以追求双赢为己任的企业应当通过系统的定向培训尽快地消除新员工的种种担心和疑虑,让他们全面而客观地了解其工作环境、企业气氛及新工作所需要的知识与技能,使新员工很快就适应新的工作岗位。

第三,提高员工综合素质。人的知识与技能的提高对于经济发展有着重大价值。员工个人拥有更多的知识和技能,就能够承担更多的工作和更大的责任。加强对员工的培训,可以提高员工的专业技能与综合素质,使员工可以掌握正确的工作方法,纠正错误或不良的工作方法,准确地理解工作意图并完成复杂的工作任务,其直接效果必然是促进工作质量和企业效益的全面提高。

第四,有利于激励员工。员工培训是一项重要的人力资源投资,同时也是一种有效的激励方式,例如:选送优秀的员工去参加带有旅游性质的培训班,组织业绩突出的员工去外地参观著名企业,鼓励员工利用业余时间进修并报销学费,定期选拔优秀员工出国考察等,都对员工有巨大的激励作用。根据研究人员调查,进修培训是许多员工最为看重的条件之一,如果某个企业可以给员工提供良好的进修培训机会,虽然薪水比另外一家没有任何培训机会的企业低,许多高素质的员工也愿意去这家有培训机会的企业。毕竟,金钱对于有技术、知识型员工的激励是暂时的,一段时间可以,长时间不行,他们更看重的是通过工作得到更好的发展和提高。

第五,增进员工认同感与归属感。员工只有真正对企业产生强烈的认同感和归属意识后,其能力和潜能才能得到真正充分的发挥,进而表现为工作绩效的提高。通过培训,培养员工共同做事的行为规范、学习习惯,自觉地按照惯例工作,从而形成良好、融洽的工作氛围,使具有不同价值观、信念,不同工作作风及习惯的人,和谐地统一在企业之内。随着员工对企业认同度的增加,他们会主动表现出该企业的成员行为,急企业之所急,想企业之所想。

3."忠义堂"培训四要点

"学究兄,不瞒您说,以前我一直不大明白为什么世界那么多知名企业愿意花大血本去培训员工,甚至有的还把员工培训提到企业战略的高度。但今天经你这么一点拨,我总算明白了是怎么回事。但我还有个疑虑,那就是员工培训对于我们目前的工作,究竟有多大作用?"

吴用回答:"这个问题问得好!其实嘛,培训本身作用不大,我更不敢保证一定有用!"

这回,宋江有点困惑了,不解地问道:"吴兄,既然作用不大,也不敢保证有用,那这个培训还有必要做吗?那要怎么才能保证培训有用呢?"

吴用如实回答:"一句话,做了培训不一定有用,但不做培训就一定更糟糕!开展员工培训工作,实际上就是要把企业的理念和工作的基本方法传授给员工,并运用各种授课技巧促使员工最大限度地接受,至于培训后是否有用,那还要看企业是否有相应的舞台供员工们去施展所学,还要看企业是否采取有效的激励机制刺激员工最大限度地接受培训课上传授的理念和方法,并积极地将学到的理念和方法运用到工作实践中去。这是企业的责任,也是培训是否真正对企业有效的关键!"

"那根据'忠义堂'的实际,我们该如何开展这一工作呢?"

"根据我个人多年来的管理经验,企业员工培训必须包括意志培训、认知培训、职业培训、技能培训四个方面的课程,根据不同的课程采取不同的培训方法。"

"能否具体一点呢?"

于是,吴用递给了宋江一个锦囊:

"忠义堂"培训四要点

1. 意志培训。主要形式是军训,其目的是为了培养新人的吃苦耐劳的精神、朴素勤俭的作风和团队协作的意识。军训的时间长短需要根据企业的实际情况给予确定,但以最少一周、最多一个月为宜。时间太短,新员工还没进入状态就结束了,时间太长会造成员工的厌烦心理,而且企业的成本也会大幅度增加。军训期间,可以结合企业的实际情况开展演讲竞赛、辩论赛、小型联欢会等,这样既能加强新员工之间的熟悉交流,也能为企业发现一些优秀的人才。

2. 认知培训。主要是帮助新员工全面而准确地认识企业、了解企业,从而尽快找准自己在企业中的定位,主要包括企业概况、企业主要管理者介绍、企业制度、员工守则、企业文化宣讲等内容,学习的方式实行集中培训,并由公司的管理者和人力资源部门主讲。认知培训时间2天为好,建议增加1天带领新员工参观公司的工厂或代表性的地方,并安排座谈交流。认知培训结束后一定要进行认知性的测验,以强化企业的各项基本知识在员工脑中的记忆和理解。

3. 职业培训。主要是为了使新员工尤其是刚走出校门的学生完成角色转换,成为一名职业化的工作人员,其内容主要包括:社交礼仪、人际关系、沟通与谈判、科学的工作方法、职业生涯规划、压力管理与情绪控制、团队合作技能等,培训的方式是集中培训,根据企业实际情况,讲师为内外部人员均可。需要注意的是职业培训的形式一定要多样化,不宜用宣讲式,尽可能采用互动式,让新员工在互动的过程中领悟所学的知识,这样才能在以后的工作中运用自如。

4. 技能培训。主要是结合新员工即将上任的工作岗位而进行的专业技能培训,一般有两种培训模式:一是集中培训,即将岗位技能要求相同或相似的新员工集中起来进行培训,这样可以扩大技能的传播范围,节约培训成本,但沟通难以深入,并且要达到一定的人数才适合集中培训;二是分散式培训,即由技能熟练的老员工对相应岗位的新人进行指导,并确定指导责任制,一名老员工可以指导一名或多名新员工,企业中的"师徒制"就是其中之一。在实际工作中,可以具体问题具体分析,根据实际将这两种培训模式结合起来,从而使技能培训做得更好。

当然,新员工培训并不是其上岗后就结束了,而应该在一定时间段里面给以保持,最好能保持到 1 ~ 2 年,因为这个时间是新员工的快速适应期和成长期,需要企业从不同的角度给予支持与引导,从而使员工能够更快地进步、更好地发展,也能为企业作出更大的贡献。

4. 梁山泊大军训

在宋江和吴用的分析、探讨下,"忠义堂"目前徘徊不前的症结终于找到——没有系统地进行员工培训。

因此,接下来需要做的工作就是对症下药,于是"忠义堂"的员工培训项目提上了日程。

根据人力资源专家所策划的方案,意志培训由"豹子头"林冲主持,认知培训由宋江亲自讲授,职业培训由吴用和公孙胜讲解,技能培训方面则是由阮氏三雄以自己的亲身经历进行示范。

很快,"忠义堂"的新老员工开始分批接受了公司的认知培训、职业培训、技能培训,宋江、吴用、公孙胜等人亲自走上讲坛,纷纷现身说法。

转眼之间到了夏天。仲夏之梁山泊,持续的高温天气,炎炎烈日让上班族们叫苦不迭。

虽然烈日当头,酷暑难耐,但是,"忠义堂"的员工发扬"一不怕苦,二不怕死"的精神,在前大宋实业集团培训部经理林冲的率领之下,在梁山泊周围接受了公司为期半个月的强化军事训练,进行意志培训,风雨不改。

林冲选的训练环境异常恶劣,每天的训练强度非常大,"忠义堂"的一些新员工是刚从大学毕业的大学生,基本没有吃过什么苦,更不用说经历过这么多的磨难,几乎吃不消。但是,为了成为"忠义堂"的一名合格员工,大家都咬牙挺过来。在军营里,从早上6时开始,直到晚上,员工们的衣服就没有干过。跑步、正步要整齐、立定立在左脚定在右脚,这些简单的动作,难煞了这帮上班族。

李俊是今年刚从京师大学毕业的大学生,同"忠义堂"签约之后,还没有正式上班就先被拉到军营接受军训。面对公司这样的安排,李俊尽管不太适应在这样炎热的天气下军训,但是还是咬紧牙关坚持!爱染一头红发的刘唐,是"忠义堂"的老员工,尽管目前在店铺也算是中层人物,但同样也和很多新员工一起在阳光下站军姿,挺胸、收腹、眼睛正视前方、不得讲话、不得有任何小动作,往往这样一站就是数小时!

当然,像刘唐这样在公司里承担管理工作的老员工,前来参加军训的很多。据统计,在这次军训人员当中,除了一部分是今年刚刚招聘起来的大学生,其余很多都是公司的骨干,甚至连宋江、吴用也不例外!

花了半个多月的时间专门组织军训,是否会耽误了店铺的业绩呢?对于这个问题,吴用认为,关键是看抓长线还是抓短线的问题,从短期来看,业绩多多少少都会受到一定影响,但从长期来看,企业的效益会更加稳定而优化。毕竟,军人坚强的意志、优良的团队精神是任何一个企业都希望员工具备的素质。

6. 三打祝家庄

通过这次系统的培训,"忠义堂"的员工综合素质得到了全面的提高,战斗素养更加成熟,整体面貌了发生了根本的变化,以前很多不良习气如办事拖拉等,都得到了明显的改善,工作流程更加规范。

为了检验培训的结果,宋江决定找一场硬仗来打!

已经图谋独龙冈这块肥肉多年的宋江此时决定将势力范围扩充到原来属于"祝家庄"的地盘,于是对攻双方的竞争一触即发。后来,这场硬碰硬的竞争被业界称为"三打祝家庄"!人们至今还认为,这场硬仗是"忠义堂"的一个重要转折点,是"忠义堂"从一个地方性企业成长为一个全国性的大企业的重要标志。

"祝家庄"地处独龙冈,从地域范围来看,都属于梁山泊风景区,同样也是进入梁山泊风景区的重要通道,客流量很大。"祝家庄"是当地一个家族式的企业,从事服装生意多年,在当地赫赫有名。但"祝家庄"同"忠义堂"不同,他们同晁盖以前在东溪村的情形类似,有良好的政商关系。同时独龙冈上还有另两个家族势力——西边的"扈家庄"和东边的"李家庄"。这三个家族是一个结盟的关系,共霸着独龙冈这块地盘,"忠义堂"也一直在找机会进驻这一地区,争取分得一杯羹,惜乎祝、扈、李三家经营得紧密,无从下手。

"忠义堂"在梁山泊风景区的势力虽大,但始终没有扩大到独龙冈。作为当地的地头蛇,"祝家庄"自恃经营有方,也一直没有把"忠义堂"放在眼里,隐然已势同水火。于是,在宋江和吴用的极力坚持下,"忠义堂"决定在独龙冈开一个"忠义堂"分店,至此,双方私下的明争暗斗终于演变成为公开的竞争。

为了打响第一炮,宋江这次可谓破釜沉舟,几乎动用了全部班底去开拓独龙冈这块市场,共分两拨队伍:第一拨是宋江、花荣、李俊、穆弘、李逵、杨雄、石秀、黄信、欧鹏、杨林;第二拨是林冲、秦明、戴宗、张横、张顺、马麟、邓飞、王英、白胜。此时,林冲已经发展成为"忠义堂"中流砥柱,在员工当中有极大的号召力,宋江希望能一举打开局面

宋江踌躇满志地赶往分店督阵,但没想到这块骨头还真难啃。放眼独龙冈,店铺林立,竞争异常激烈。刚刚进驻的"忠义堂"直接把店

铺开到了"祝家庄"的斜对面,两家店面的规模及档次都不相上下。开业不久,宋江很快就发现,"祝家庄"里的客人不仅比自己这里多得多,而且员工们看起来也更干劲十足。"忠义堂"这边,饶是员工们如何卖力,杨林、黄信等人甚至因此而病倒,但情况依然毫无起色。

初战失利,对宋江的打击很大,要知道,这可是宋江上任以来亲自主抓的第一个重大项目(以前基本上都是吴用抓的),要是失败了,以后自己在员工的心目中的地位肯定会一落千丈!因此,对宋江而言,只许成功,不许失败。为此,宋江决定找出失败的原因,将货品、员工技能以及店面环境等问题进行了一系列分析,但依然百思不得其解。

经过一段时间的细心观察,宋江发现,其实两个店铺员工穿的工作服都一样,清一色的粉红色职业装,可"祝家庄"店里的员工,看着总是整齐划一,行动灵活,而自己店里的员工总显得懒散。除此之外,其他还是一无所获。

这日,石秀到达到店铺比较早,碰巧遇到"祝家庄"店里的员工开晨会,他专门留意了一下,终于发现了问题之所在——"祝家庄"的员工站在一起,除了上面的工服,下面都穿着统一的黑裤子,白色运动鞋,看着很精神。有了这一发现,石秀赶紧向宋江反映。宋江总算明白了,自己在这方面一直对员工没有做特别要求,大家有穿牛仔裤的、有穿裙子的,有穿休闲裤的,让整体着装显得凌乱,缺乏规范化,让人一看就很不规范!

众所周知,在激烈的市场竞争中,当产品质量相差不大时,细节化的服务才是竞争的要素!同样,在一个店铺里,员工的形象,就是对店面最好的说明和宣传。宋江这次之所以在独龙冈栽跟斗,抛开其他因素,恰恰就是输在这小小的形象细节上。

找出了问题结症之所在,接下来宋江不仅对员工的裤装作了统一要求,而且还让员工戴上了漂亮的丝巾,显得更加有朝气和精神。与此同时,由于第一阶段遭遇挫折,"忠义堂"员工们的韧性在这个时候开始发挥出来。在挫折面前,他们没有气馁,而是选择一起面对,店长总揽大局,导购、收银员、仓储、物流,各个环节的员工都紧密配合,顽强拼搏。

稍作休整之后,宋江开始改变战略,对祝家庄发动第二次进攻。

不过,尽管这一次投入的资金更多,宣传的声势也更大,但依然无法获取像样的业绩,根人家祝家的营业额相比,"忠义堂"的这一分店根本是小巫见大巫!

连折两阵,宋江差点累垮了,但麻烦并没有因此而了结,秦明、邓飞两人半夜关门的时候,莫名其妙地被一群不明身份的人袭击,身受重伤。据说是"祝家庄"的栾廷玉指使手下干的,但苦于没有证据,加上当地派出所碍于祝家的势力,对此也睁一只眼,闭一只眼。宋江尽管心里恨得痒痒的,但又无可奈何。福无双至,祸不单行,在秦明、邓飞受伤之后不久,王英又在扈家庄莫名其妙地失踪了!

当然,尽管损失巨大,"忠义堂"此时也略有斩获,由于实施了人才"本土化"战略,招揽到了当地人称"一丈青"的优秀导购扈三娘,"忠义堂"的牌子在她的号召下在当地也开始获得部分认可。不过,宋江内心的迷依然无法解开:店铺员工形象也统一得差不多,但怎么一点效果都没有呢?

关键时刻,又是吴用雪中送炭,率领阮氏三兄弟和吕方、郭盛等援兵前来相助,孙立一行也前来投奔,人才阵容进一步扩大。

经过分析和观察之后,吴用认为,"忠义堂"这一轮之所以失利,问题主要出在服务态度和销售技巧上。

听到吴用这么一说,宋江也觉得新鲜,饶有兴趣地听取吴用的分析,想看看究竟是怎么回事。

吴用问宋江:"如果你和一个初次见面的朋友一起吃饭,点菜的时候,他盯着菜单,一会儿想要这个,一会儿想要那个。到最后,又好像是决定了似的,说刚才的都不要了,另点其他的吧! 你心里对这个人会有什么看法?"

"很简单,此人就是一个优柔寡断之人。"

"呵呵,如果你对他有了这么一种印象,以后你无论如何都难以抹掉了。所以说,即使不和一个人交谈,但从他的态度、动作、表情,我们还是能判断他的另一面。同样,在一个服装店里面,导购的每个表情和动作,包括一些极小的动作,例如微笑、问候、鞠躬、商品介绍、送行等,都会引起顾客的关注,即使是一个被导购忽视的、细微的不当表情和动作,都会破坏顾客的心情,进而弱化他们购买的欲望!"

"这个我倒也深有体会!"

"一个顾客,看中了店铺里的东西之后,买不买往往就是看服务态度了:如果态度不好,再好的东西人家也不想买了;而服务态度好不好,主要取决于导购有没有足够的耐心。有的顾客问得很详细,而且还喜欢逐个发问,不管买不买都要了解一遍,碰见这样的顾客,导购一定要耐心回答,千万不可爱理不理,因为这样的顾客即使现在不买,一般以后也还会来买我们的产品,这是很重要的潜在客户。"

"也就是说,店铺的服务态度,尤其是留给顾客的第一印象,直接决定顾客的消费态度,甚至影响到以后的回头率?"宋江问道。

"正是!现在的很多人,对于店铺服务,认为只要做到就可以了,态度是无关紧要,其实不然。就拿我自己来说吧,几年前的一个晚上,我和几个朋友为找一个便于谈话的地方,进了一家咖啡店。一进门,就大吃一惊,因为我们看见一个染了一头金发的青年站在门口。我们进去时,他什么话也不说。直到我们落座时他才小声说了一声'欢迎光临',但仍是一脸不高兴的样子。当拿咖啡过来时,把杯子'当'的一下就放在桌子上,咖啡也洒了出来,可他还是一脸不在乎的表情。因为这个服务生的表现,我们也就早早地结束了谈话,离开了这家咖啡店,以后再也没有光顾过。"

宋江开始若有所思,问:"那么,目前我们店铺的服务态度如何?"

吴用不假思索地回答道:"公明兄,毫不客气地说,相对于人家'祝家庄'的热情、温馨、舒适,咱们这个店的服务态度有万年寒冰冷淡型、怒发冲天暴躁型、喋喋不休话痨型、唯唯诺诺温吞型……可谓是异彩纷呈,但就是没一个靠谱的!"

"我的神啊,这该如何是好?"宋江哀声不断。

"我想,在这个关键时刻,我们应该进行一次'360度店铺服务'培训,使我们的导购更加热情而富有耐心,随时保持对客人热情认真的态度,千万不能让客人感受到有任何的不快,这也是每一位导购都应秉持的基本服务理念!"

宋江边听边点头,觉得吴用说的确实也挺有道理的,突然又问:"那你刚才所说的销售技巧又是怎么回事呢?"

"就拿咱们店来说吧,店外人群熙熙攘攘,什么时候导购应该主动

迎接上前,如何陈列货品才能引发顾客的兴趣,顾客没有需求我如何创造需求,如何处理顾客的抗拒最终成交……凡此种种,其实都属于销售技巧的范畴。"

"按你的说法,目前我们在这方面该如何强化?"

吴用给宋江递上早已备好的锦囊:

店铺营销技巧的五大要点

1. **吸引顾客的目光。**俗话说得好:有人气才能有财气!有效地控制客流量,吸引顾客在柜台驻足,才能引起他们的兴趣达到销售的目的,因此要实现销售的第一要素不是怎样把商品推销出去,而是怎样聚拢人气,造成一种销售气势,才能做大销售,实现效益的最大化。而要吸引顾客,就要求管理者在日常的经营活动中研究顾客的消费心态和购物心理,提高解说、导购技巧,通过一种个性化的创意来营造良好的销售氛围,吸引消费者目光。

2. **售点位置必须正确。**一个好的售点位置是一个店铺做大销售的关键之所在,而这也正是很多店铺管理者最容易忽视的一点。事实上,"酒香不怕巷子深"的营销理念已经远远不能满足当代消费者的及时性、便利性的消费需求了。因此,在商品的摆放时一定要讲究科学性,按照品类进行划分,便于消费者的查找,不能凌乱无序,否则便可能失去了销售的商机。对于销售量大的、周转速度快的商品,一定要放在销售的黄金位置上,具体有:直面通道的正面,这样消费者只要一进门或者在门外就能一眼看见;其次还有大门两侧及收银台前,都是人流量比较集中的场所,这些位置只要运用得当,对商品的销售就能起到至关重要的作用。

3. **商品陈列要富有个性。**很多店铺对柜台的产品陈列都缺乏科学合理规划,有些甚至是没有条理地随意摆放。其实,决定柜台货架上产品摆放结构的因素有很多,一组个性化的商品陈列不仅能吸引消费者的目光,而且也能突显商品的个性,达到刺激消费者购买欲望的目的。因此,在商品陈列时,一定要根据实际情况,研究出一个最佳摆放方式。因为顾客在接触产品的过程中,并不是全部即时接触,在一般情况下都只是凭着感观的接触,所以,商品的最佳陈列位置一般在消费者眼睛平视的货架的中间位置。其次是附属物品的陈列，不要到处乱摆，更不能喧宾夺主，影响消费者观察的视线，只能点到为止，达到突出销售主题就行了。

4. 营造温馨的购物氛围。无论是一个小店铺还是大卖场，营造售点氛围，激起消费者的购买欲望都极为重要。对于一个店铺来说，营造氛围的地点一般有三处：店外、店堂和柜台。在店外营造氛围是把顾客的目光吸引过来，引起他们的好奇心，使他们能进入经营场所实施购买过程。因此，在店铺外悬挂和摆放的一些宣传品，一定要有很强的视觉冲击力，并且注意要放在门的两边或上方，不能挡住消费投向店里的目光或进入店堂的脚步。在店堂内营造氛围时，要有意识地把消费者引向商品销售的主位置，可以运用各种各样的POP生成现场气氛，用无声的但充满人性化的信息传达产品或店铺信息，从而达到促进产品销售的目的。

5. 产品介绍要轻车熟路。在店铺里，导购人员看起来是在销售产品，实际上他们还在销售产品以外的一些东西，如店铺文化、商品内涵等。只有真正熟悉了产品，才能有效地推销产品，因此，导购人员一定要全面掌握产品的知识以及传播这些知识所应掌握的方法和技巧。一个理性的消费者是不可能购买其一无所知的商品的。在实施购买过程中，消费者对商品购买的心理是脆弱的，一不小心，就有可能造成交易的失败，而导购人员对产品性能及其质地的熟悉程度，往往可以加快消费者实施购买行为的步伐。

经过吴用点拨，宋江彻底醒悟，精神立刻振奋起来。

针对目前存在的问题，宋江决定歇业几天，一一对症下药。

经过几天的内部学习，"忠义堂"独龙冈分店的员工士气高涨，其战斗素养终于被激发出来，整个店铺的气氛为之一变。

商场如战场，情报工作异常重要，因此，时迁、石秀、戴宗等情报搜集高手此时派上了用场，可以大显神通。由于"忠义堂"的情报工作做得好，"祝家庄"每一步的计划都被宋江和吴用提前获悉，然后有针对性地痛击其不足和弱点，令对手疲于应付。更令祝家兄弟心急如焚的是，通过孙立，宋江和吴用还成功策反了祝家庄顶梁柱栾廷玉，使之改投"忠义堂"。于是乎，祝家产业立刻犹如股市崩盘，一发不可收拾。

成功打进独龙冈这一市场，瓜分到原来属于"祝家庄"的市场份额，"忠义堂"确实收获颇丰。据统计，独龙冈每年的销售额占"忠义堂"销售额的三分之一，利润更是贡献了"忠义堂"全部利润的一半！真是高风险，高回报，无限风光在险峰！

横扫"祝家庄"之后，"扈家庄"和"李家庄"自然也无法避免被"忠义堂"挤压的命运，好在"李家庄"的老板"扑天雕"李应机灵，干脆直接以自己在"李家庄"的市场份额入股"忠义堂"，换个名目还是当地老大。

经过这一硬仗，"忠义堂"也基本完成了战略目标，把"忠义堂"的分店遍布到了梁山泊风景区的各大交通要塞，而"祝家庄"和"扈家庄"经过这一战之后，每况愈下，最终沦落为街边小店，和"忠义堂"已不在同一档次，只能眼睁睁地看着"忠义堂"大展手脚、财源广进！

资料链接 >> 三大跨国零售企业的培训之道

在《财富》杂志公布的 2005 年世界 500 强企业中，排名前 100 位中竟然有 11 家零售连锁企业赫然在榜。这其中便有我们再也熟悉不过的美国沃尔玛（排名第 1 位）、法国家乐福（排名 22 位）和德国麦德龙（排名 42 位）三大零售巨人。究竟是什么原因造就了这些零售帝国的持续辉煌？追寻这些零售帝国巨人成长的脚印，我们也许可以发现并总结出令它们成功的许多奥妙和秘诀，例如沃尔玛始终如一的"天天平价"策略，家乐福严格的内部管理制度，麦德龙对会员管理的严谨与科学等。但是你是否发现，尽管它们来自不同国家，具有不同的文化底蕴，但它们不仅重视对员工的培训投资，而且深谙培训之道。

1. 沃尔玛：培训让员工都知道我们很重视他们

沃尔玛创始人山姆·沃尔顿"农村包围城市"的发展战略使他成功打败了诸多零售巨头，并逐步确立了在美国乃至全球零售业的霸主地位。人怕出名猪怕壮。山姆·沃尔顿深知,以前沃尔玛面对的敌人主要是竞争对手,而今后,已成为众矢之的的沃尔玛不仅要面对来自全球竞争对手的群攻,更要面对自我发展的挑战。如何才能保证不被自己打败?山姆·沃尔顿在长期实践与探索中找到了答案——通过培训保持人才基因常优。

人才是零售企业的根本。因为零售业的竞争,归根到底是人才的竞争。山姆·沃尔顿在不断地探索过程中,领悟到人才对于企业成功的重要性,而对于员工的后续教育与终身培训,则是提高员工素质,确保企业人才基因常优的重要保证。

在培训内容上,沃尔玛采取的是全面培训。入职培训、技术培训、岗位培训、海外培训等都是员工的必要培训内容,而且所有管理人员还会接受领导艺术培训。为了让员工的知识与技能不断更新,公司提供了内容丰富的培训课程,给他们实现自我价值的机会。

在培训方式上,沃尔玛采用的是体验式培训,以生动活泼的游戏和表演为主,训练公司管理人员"跳到框外思考"。在培训课上,老师讲讲故事、做做游戏,再让学员们自己搞搞小表演,让他们在培训中展现真实的行为,协助参与者分析,通过在活动中的行为进行辅导。这种既有趣又有效的方法获得了不俗的成绩。

在培训创新上,沃尔玛开创了交叉培训方案。所谓交叉培训就是一个部门的员工到其他部门学习,培训上岗,实现达到这位员工在对自己从事的职务操作熟练的基础上,又获得了另外一种职业技能。从而使这位员工在整个卖场的其他系统、其他领域都能够提供同事或者顾客所需的帮助,促使员工能够完美、快速地解决这些问题,从而避免了其他同事或者顾客浪费宝贵的时间,提高了工作效率,也缓解了顾客的购物心理压力,让其轻松愉快地度过购物时间。实践证明,交叉培训不仅有助于员工掌握新的职业技能、提高终身就业能力,消除以往只从事一种完全没有创新和变革的职务的不良心理,而且还有利于不同部门的员工从不同角度考虑到其他部门的实际情况,减少了公司的内耗,必要时还可以抽调到其他卖场中及时增援,排忧解难。

在员工培训计划上,沃尔玛实行员工培训与发展计划,让员工更好地理解他们的工作职责,并鼓励他们勇于迎接工作中的挑战。沃尔玛公司对合乎条件的员工进行横向培训和实习管理培训。横向培训是一个长期的计划,在工作态度及办事能力上有突出表现的员工,会被挑选去参加横向培训。例如,收银员会有机会参加收银主管的培训。为了让具有领导潜力的员工有机会加入沃尔玛,公司领导岗位还设立了管理人员培训课程,符合条件的员工还会被派往其他部门接受业务及管理上的培训。

在美国,沃尔玛被管理界公认为是最具文化特色的公司之一。《财富》杂志一语道破了天机:"沃尔玛通过培训方面花大钱和提升内部员工而赢得雇员的忠诚和热情,管理人员中有60%的人是从小时工做起的。"这是培训力量的最好佐证。

面对《福布斯》记者的采访,山姆·沃尔顿道出了公司为何注重培训的缘由:"我们想让员工知道:我们很重视公司的员工,对我们来说,他们非常重要,因为事实确实如此。"

2. 家乐福:培训造就"家乐福造"人才

目前,在打进中国市场的大型零售连锁品牌中,家乐福虽然在全球排名上仅次于沃尔玛,但在中国市场上的销售额却远远超过了沃尔玛,也更为国内消费者认同和熟悉。以等级森严和严格管理著称的家乐福,在培训方面也是极力打造"家乐福造"人才。

首先,注重对员工经营理念的培训。贝尔纳领导下的家乐福,主张"一次性购足、超低售价、货品新鲜、自动选购、免费停车"的经营理念。该理念显然都是为顾客的利益而制定的。为了使经营理念更好地融入日常经营当中,家乐福每开一家新店,对招聘的新员工都要进行专门的经营理念培训,为了强化理念的执行力,公司还经常通过考核来验证员工对经营理念的理解、运用程度。

其次,同沃尔玛相比,家乐福更加重视在职培训。家乐福的员工培训通常是采用小范围的方式,每次培训都是一到两个人,最多也就是八到十个人。在采用授课形式培训完后,一般会马上进行现场操作演示。例如验货,现场讲解商品分类,各类商品的品质标准,怎样验货,验货程序如何;商品陈列则讲解不同的商品摆放的排面,如何陈列才能充分体现出商品的优点及品质,突出商品的量感及视觉效果,等等。所有的培训项目都是逐个地进行。

再次,在培训人员设置上,家乐福一般会在某个地区(如中国)依据职位层级和岗位,专门设立各层级各岗位的培训主管,全面负责该地区的培训工作。例如,店长培训主管只负责各连锁店的店长岗前培训、领导力培训等。促销培训主管专门负责各店促销人员的促销技巧、礼貌用语等方面的培训。

最后,在管理人员培训上独具特色。家乐福结合自身全球 40 多年的管理经验与培训经验,制定了 ETP(Executive Training Program)项目。ETP 的含义是高级管理人才培训项目。ETP 项目由 ETP 培训部专门负责,每年从报名者择优选取富有潜力的优秀员工进行集中培训。被培训员工需要手脑并用,一半时间学习,一半时间实际操作。一旦通过 18 周"基本零售业知识""专业化培训""店长培训"3 个阶段的严格培训和测验,他们就可以直接走向中高层管理岗位,其收入水平也可以进入金领阶层。ETP 项目的好处在于家乐福可以借此培养适合公司自身发展需要的对口型人才,而不用担心遭人"挖角"致使"鸡飞蛋打"。

"家乐福的过人之处,是将自己培养的人才打上了'家乐福造'"。一家本土大型零售企业负责人感叹,"国外巨头零售企业有先进的管理文化和经验,让我们十分羡慕,却又十分无奈,辛辛苦苦把人挖过来了,本来很优秀的人却变得不太灵光,因为我们无法给他们提供相配套的完整舞台。"

3. 麦德龙:将培训国际化进行到底

以仓储式卖场和会员制经营为特色的德国麦德龙(Metro)一直十分推崇现购自运品牌的国际化运营,为了配合运营的国际化,麦德龙也始终如一地坚持培训国际化。多年来,麦德龙通过设立地区性的培训机构,组织专业的培训主管和讲师,专门负责各地区的员工培训事务,使麦德龙的成功经验得以在全球分支机构中被广泛应用。

2004 年 11 月 1 日,麦德龙在中国上海投资建设的"麦德龙中国培训学院"宣告正式启用。在麦德龙中国培训学院揭幕仪式上,麦德龙集团主席柯博涵博士介绍说,公司投巨资成立该学院的目的是为强化公司的企业文化并增强麦德龙现购自运品牌的一致性,为其全球的现购自运业务提供培训服务。这个设在上海的培训学院将与其他三个分别设在法国罗约蒙、德国杜塞尔多夫以及俄罗斯莫斯科的培训学院一起,共同承担起麦德龙自运国际公司的全球培训任务。

麦德龙中国培训学院的课程分基础技能、专业强化和深造发展三个大类,主要为采购经理、商场经理、楼层经理、部门主管及顾客咨询等人员提供丰富的理论与实践相结合的培训模块。今后,随着麦德龙在亚太地区的全面扩张,麦德龙中国培训学院的培训覆盖范围将逐步延伸至日本、印度、越南等其他亚太国家。

另外,作为一种新的尝试,麦德龙中国培训学院设立了麦德龙全球第一家"培训厨房",它将发挥其桥梁纽带的作用,并将通过丰富多彩的培训形式把专业顾客、麦德龙员工及供应商紧密地结合在一起。"麦德龙培训厨房",听起来似乎有点不可思议。为什么要成立这样一个培训厨房?在麦德龙看来,培训厨房对内的作用是通过对员工专业知识培训来提升对专业顾客的服务质量;对外则可建立一个与外界餐饮专业人士互相交流,互相学习的平台,可以提高麦德龙的知名度及影响力。

榜样的力量是无穷的。三位跨国零售巨人沃尔玛、家乐福和麦德龙在培训方面为无数中国零售企业树立了一个个很好的标杆,在感受培训带给它们员工活力与智慧的同时,众多的中国连锁卖场应该在这方面有所作为。

85

管理心得 >>

有人说,培训是企业发展的先行官,是粮草。

这话说得很在行!

在当今高手如林的市场竞争中,立于不败之地的企业必定是那些能够帮助其员工充分发挥其全部潜能的企业。这意味着,企业员工必须将接受培训作为继续学习的一种手段。

其实,培训员工就是培训企业的未来,抓住了人才就把握住了企业未来发展的脉搏。日本松下电器公司有一句名言:"出产品之前先出人才!"其创始人松下幸之助更是强调:"一个天才的企业家总是不失时机地把对职员的培养和训练摆上重要的议事日程。教育是现代经济社会大背景下企业发展的'杀手锏',谁拥有它谁就预示着成功,只有傻瓜或自愿把自己的企业推向悬崖峭壁的人,才会对教育置若罔闻。"

因此,从战略高度重视员工培训,对企业人力资本的开发与利用具有十分重要的意义。通过员工培训,可以促使新员工尽快地适应其工作岗位,可以不断提高和改善员工绩效,有助于提高和增进员工对企业的认同感和归属感,可减少员工流动的可能性从而增强企业的稳定性,促进企业变革与发展,使企业更具有生命力和竞争力。

当然,在员工培训的过程中,培训方式的选择也很重要。因为不同的员工需要培训的内容也是不同的,需要加强的层面也不一样。只有因地制宜地选择恰当的培训方式,企业的员工培训工作才能获得预期的效果,否则只会适得其反,浪费物力、人力、财力。

第五章

公孙胜的形象规划

对于一个店铺来说，最大且最直接的形象就体现在自己员工的一举一动之中，员工的个人形象如精神风貌、言谈举止、工作态度，甚至仪表服饰，都是店铺形象最为直接的表现。

1. 祸不单行

　　话说"忠义堂"一统梁山泊市场之后,各大店铺营业额立刻以几何倍数增长,在业界声威大震,一时无人能出其左右。不过,总的来说,"忠义堂"规模的增长,主要还是通过粗放型的发展模式来实现的,集约化经营道路还很漫长。

　　长期以来,为全面提升"忠义堂"的品牌竞争力,宋江和吴用无论是在政策层面还是宣传层面,都砸下重金,力图使"忠义堂"这一牌子成为国内外的知名品牌。费了九牛二虎之力,"忠义堂"的牌子不仅没有多大起色,但损害店铺形象和品牌的各类负面事件却一再发生,令外界对"忠义堂"的形象评价越走越低。

　　前几天,京师的宿太尉前来梁山泊风景区观光旅游,为了争取到这么一位大人物,宋江和吴用可谓花了不少心思,塞了不少银两才打通了其秘书,最终把"忠义堂"总店安排在宿太尉旅游路线范围之内,而且作为歇脚之地。

　　宿太尉是大宋朝廷重臣,常年政务缠身,已经好久没有机会放松地呼吸一下郊外的新鲜空气了,所以格外珍惜这次郊区一日游。

　　一路过来,心情非常舒畅,纵览梁山泊的无限风光,品味梁山独特的风味美食之后,宿太尉还意犹未尽地逛一逛梁山泊上的服装一条街,自然,首先要光顾的就是"忠义堂"。

　　本来,宿太尉已经看上了其中的几套服装,但又觉得价格有点贵,同导购讨价还价了半天也没有一个结果。李逵觉得宿太尉花的是公款,还这么磨磨蹭蹭半天,实在忍无可忍之下,把宿太尉连同随行人员一起轰出店铺。

幸好宋江劝架及时，不然还真不知道该如何收场。但经过李逵这么一闹，宿太尉兴致全无，扫兴而归，此事在当地产生了极其恶劣的影响。

据统计，这已经不是"黑旋风"李逵近段的第一次犯事了。

上个月，为了全面提高"忠义堂"在全国的知名度，在吴用的建议下，宋江、燕青、李逵等人决定到京师寻找合适的形象代言人，而大腕李师师就是他们的首要目标。

李师师身价比较高，向来代言的都是夏奈尔、LV 这类全球知名的品牌，对于"忠义堂"这样的地方货色，一时好奇之心倒是有，但是要让她做形象代言人，真是比登天还难。

好在燕青点子多，经过几个回合的较量，终于说服了李师师的经纪人李妈妈，同意双方安排时间洽谈。

元宵节之夜，正是良辰吉日。

当夜，京师一年一度的赏灯节如期举行，宋江携燕青前往京师著名五星级大酒店——风月楼，同李师师、李妈妈进行洽谈。在燕青的大力周旋之下，双方沟通得非常顺利，李师师竟然非常出乎意料地同意出任"忠义堂"的形象代言人。

就在双方合同细节正在敲定的时候，李逵直接闯了进来，借着酒疯，对李师师等人连讽带骂，弄得李大腕脸色很难看，拂袖而去，且心怀退意，心想："忠义堂"怎么净出流氓呢？难道我真的要给这帮流氓做形象代言人啊？

幸好，关键时刻还有燕青打圆场，不然，李师师代言一事估计早已泡汤了。

当然，出问题也不只李逵一人。

上个月，史进、穆弘等人醉醺醺地前来上班，众目睽睽之下多次口出狂言，而且还殴打几位前来劝说的同事和顾客，造成轻伤，店铺也因此乱成一团，顾客一哄而散。

此事被当地一些媒体曝光之后，"忠义堂"一下子在人们心目中立刻变成了一个"流氓窝"，给"忠义堂"的形象带来了极大的损害！

更要命的还在后头呢，王英本来是"忠义堂"的模范员工，导购工作做得得心应手，业绩在同行当中一直名列前茅，宋江近期甚至已经准备提拔他。但是最近,他工作却不如当初那般卖力了,每天上班,除了窥视美女,对销售服装显得不冷不热。为了这事,他老婆扈三娘不知道和他闹了多少次,有时两人甚至直接在店铺里互相对骂,引来很多顾客围观,同样也产生了极其恶劣的影响!

饶是如此,王英依然我行我素,丝毫没有悔改之意。这不,上周二,王英又瞄上了一个光顾店铺的美少妇,一路大献殷勤,直盯得人家心底发毛,而且还时不时动手动脚,形态极其猥琐,令对方异常反感。

此女不是别人,正是梁山泊风景区管委会刘主任的夫人,要不是有人在旁边提醒,恐怕王英早已扑了过去!

刘主任知道这件事情之后,非常生气,差点要告王英性骚扰!之后,宋江花了好多心思,才把这一"桃色事件"私下摆平!但是,此事不幸又被媒体曝光,于是,"忠义堂"一下子又变成了"色狼窝"的代名词!

此外,诸如导购仪容仪表不雅观得体,服务语言不规范等现象,更是层出不穷……

此类事件接二连三地发生,令"忠义堂"及其员工队伍的形象大为受损!对于员工的各种有损店铺形象的行为,只要影响极坏、证据确凿,宋江也知道该如何处理,但对于一些小问题、小过错,宋江反而觉得极为棘手,不知该如何下手,只能看在心里,急在心头!

2. 有关形象的三个故事

这日，宋江一大早就前来巡视店铺的运转情况。

店内，员工们一片繁忙，但总觉得少了点章法，而且气氛还略显颓废。这也不是一天两天的事情了，看得宋江心里很不是滋味，但又无可奈何。

看过店铺，宋江径直来到公孙胜的办公室。

宋江一屁股坐在沙发上，不由自主地叹气："公孙老弟，你说这店里的人怎么就这么难管理呢？想想我宋江怎么说也是正儿八经的重点本科毕业，而且还在政府部门从事人事管理工作多年，怎么现在连一个小小的店铺都管不好呢？"

公孙胜号称"入云龙"，在人力资源管理方面很有一套，甚至连"智多星"吴用都不得不佩服他三分，多次在"忠义堂"危难时刻力挽狂澜。

听到宋江如此抱怨，公孙胜只是莞尔一笑，然后给宋江泡了一杯绿茶。

接下来，公孙胜给宋江讲了三个小故事。

故事一

广州有姓张的商人，十多年前，他的一位远房亲戚在欧洲开饭店，邀请他过去帮忙。

不曾想，张先生刚到欧洲不久，那个亲戚就突然患病去世了，饭店也因此而很快垮掉了。他不想回国，所以就在当地找了份工作。

几年后，张先生到一家中等规模的保健品公司工作，该公司的产品不错，但知名度却很有限，当时他从推销员干起，一直做到主管。

有一次，张先生坐飞机出差，不料却遇到了意想不到的劫机。度过了惊心动魄的十个小时之后，在各界的努力下，问题终于解决了，他可以回家了。

就在要走出机舱的一瞬间，张先生突然想到在电影中经常看到的情景，当被劫机的人从机舱走出来时，总会有不少记者上前采访。顿时灵机一动，自己为什么不利用这个千载难逢的机会宣传一下自己的公司形象呢？

说干就干，他立即做了一个在那种情况下谁都没想到的举动。从箱子里找出一张大纸，在上面浓描重抹了一行大字："我是 XX 公司的 XX，我和公司的 XX 牌保健品安然无恙，非常感谢抢救我们的人！"

他打着这样的牌子一出机舱，立即就被来自世界各地的电视台的镜头捕捉住了，很快成了这次劫机事件的明星，多家新闻媒体都对他进行了采访报道。

等张先生回到公司的时候，公司的董事长和总经理带着所有的中层主管，都站在门口夹道欢迎他。

原来，他在机场别出心裁的举动，使得公司和产品的名字几乎在一瞬间家喻户晓了，公司的电话都快打爆了，客户的订单更是一个接一个。

董事长无比动情地说："没想到你在那样的情况下，首先想到的竟然是公司和产品。毫无疑问，你是最优秀的推销主管！"董事长当场宣读了对他的任命书，主管营销和公关的副总经理。

故事二

一位集团的老总正同某销售公司的经理共进午餐。

双方边吃边谈，但每当一位漂亮的女服务员走到他们桌子旁边时，那位经理总是目送她走出餐厅。

老总对此感到很气愤，感到自己受到了侮辱，心里暗想：妈的，这个色鬼，谈工作的时候，都觉得女服务员的两条腿比我对他讲的东西还重要。他哪里只是没有听我讲话？简直就是不把我放在眼里！这样的人居然是一家公司的销售经理，看来这家公司的素质也不怎么样！我怎能放心把自己的产品交给他们？

就这样，这位老总决定取消了同这一家销售公司的合作。

故事三

多年前,北京最繁华的市区曾有一个高档酒店,厨师水平很高,装修非常豪华,雇佣了很有经验的前厅领班,公关销售部工作也非常出色,再加上宣传到位,所以酒店一开业就异常爆满,名震京城。

从采购到厨房,该酒店各个环节都做得非常好,但是到了服务员这里,却出现了一些状况——虽然她们的服务技术合格,各个动作也没有什么出格之处,但在面对客人时,她们的表情要么很生硬,缺乏一份服务的热情和温馨,举手投足之间,总是让客人感到说不出来的别扭。

最终,正是这些一个小小的服务细节,慢慢地使这家酒店的形象离其最初设计的样子越来越远,人气越来越差,把其他部门所做的一切努力化为了泡影,关门了事。

讲完这三个故事之后,公孙胜话锋一转,又回到了前段时间"三打祝家庄"时吴用已经谈及的问题:员工形象决定店铺形象!

3.员工形象决定店铺形象

在公孙胜看来,作为店铺的一名员工,无论走到哪里,站在什么位置,都要始终记得自己的使命,记得维护店铺的形象,这是一个合格的员工应该具备的基本素质。

有这么一个报道,在业界流传得很广:某一汽车品牌的员工,走在大街上,如果看到路边停着自己企业生产的汽车,而这辆汽车上有灰尘,都会拿出随身的抹布把这辆车清理干净。按照公孙胜的理解,实际上这就是员工形象和企业形象相互融合的极致表现。

那么,结合"忠义堂"自身的情况,像"黑旋风"李逵,对"忠义堂"

可谓忠心可鉴,无论走到哪里都不忘大吼"梁山好汉李逵在此",但这会提升"忠义堂"的形象吗?公孙胜认为,这当然会提升"忠义堂"的知名度,但只会提升店铺的负面形象——因为李逵一出现,多半没什么好事,负面事件太多。相反,如果换是林冲这样英俊、潇洒、阳光的形象一出现,总是很容易唤起人们的美好联想,一旦同"忠义堂"联系起来,"忠义堂"的正面形象会得到张扬。所以说,像李逵、王英这样的员工,不宜太多抛头露面,而像林冲、燕青、武松这样的员工,曝光率越高越好。

因为一个好的形象不仅能让人们增加对生活、对工作的热情和自信,对于店铺而言更是口碑和信誉度的提升。反之,如果一个人对自己的个人形象都不注重,言行粗鲁,邋里邋遢,再联想到其所在的店铺、商品品牌,人们得到的肯定是非常负面的形象。

在竞争日益激烈的商业时代,终端面对的已经不仅仅是商品质量和价格的竞争,而且还包括店铺的市场营销能力、服务顾客能力、整合传播能力和社会影响能力等在内的综合实力的竞争。因此,店铺形象的好坏已经成为衡量店铺竞争力的重要指标,良好的店铺形象可以使店铺在市场竞争中处于有利地位,受益无穷;而平庸乃至恶劣的形象无疑会使店铺在生产经营中举步维艰,贻害无穷。

对于一个店铺来说,最大且最直接的形象就体现在自己员工的一举一动之中,员工的个人形象如精神风貌、言谈举止、工作态度,甚至仪表服饰,都是店铺形象的人格化了的最为直接的表现。当顾客走进一个店铺,首先接触到就是该店铺的员工,如果他们仪表得体、笑容温馨、态度热情,往往会给顾客留下美好的印象;相反,如果他们语言粗俗、举止不文明、态度冷漠，顾客往往会把他们跟整个店铺联系在一起，从而影响他们对店铺的评价。从这个角度来说，店铺员工的个人形象不仅关系到整个店铺服务的整体质量，而且还关系到整个店铺的形象。

遥想当年，宋江刚接手"忠义堂"的时候，为了活跃店内气氛，激发员工的工作热情，专门实施了一套富有竞争力的奖金制度。谁曾想，到最后员工们为了争取奖金，竟然相互挖墙脚，不惜破坏别人的生意，甚至为了争抢顾客大打出手。当时，李逵整天背着他的大板斧在店里晃悠，休息的时候就拿斧头劈树根，边劈边嘟囔："让你抢我的顾客！"而花荣则站在店门口把从店前经过的所有会飞的从大雁到苍蝇射得干干净净。这样杀气腾腾，又有哪个不要命的顾客敢上门？"忠义堂"立刻变成了"流氓""恶棍"的代名词，形象一落千丈。

再加上李逵、史进、穆弘、王英等人这次的拙劣表现，可以看出，"忠义堂"这种"优良传统"可谓源远流长，其负面形象恐怕难以一下子扭转。因此，公孙胜一再告诫宋江，如果"忠义堂"要真正成为一个有抱负的企业，必须具备战略的眼光，在店铺形象上多下工夫，而要做到这一点，员工形象塑造则是重中之重。

宋江听罢，沉默良久，心中暗想要成为一名合格的"忠义堂"员工，在形象上至少应该具备以下几个方面的条件：

首先，待客真诚。在销售商品的时候提供良好的服务已经成为现代零售业必不可少的一环，这就要求店铺员工亲切有礼，真诚待客。在销售过程中，店铺员工除了将商品卖出之外，更要让顾客觉得花钱有价值，心里有满足感。

其次，充满活力。店铺的灵魂是店铺员工，所以店铺员工必须表现得活泼，有朝气，要乐于亲近，不能垂头丧气，无精打采，令人望而却步。纵使没顾客上门，也随时对店铺进行整理，维护整洁，保持有活力的样子。

再次，良好的记忆力。这主要体现在对顾客记忆和对商品记忆两个方面。店铺员工应能通过对顾客体型、特征、服饰进行辨识，而掌握其消费特性，这样才可以在顾客第二次上门时，给予适当的服务并提供良好的建议，让顾客有宾至如归的感受。同时，对店铺质量、商品整管理,为顾客提供更好的服务。

另外,仪表得体。店铺员工是店铺的"门脸",他们的衣着、谈吐、举止等直接影响着顾客对店铺的第一印象,所以不可着奇装异服、浓妆艳抹,更不能有不雅举止在顾客面前展现。店铺可以采用统一制服形式,消除员工的"个性",使员工们保持协调一致。此外,制服度的衣领、袖子要特别注意清洁,不要忽视小节。

最后,口才出众。优雅的谈吐可以使人广受欢迎,更有助于事业的成功。无论在什么场合,如果能够表达清晰、用词简洁,再加上抑扬顿挫、娓娓道来的语调,就能够吸引听众,打动顾客。如果善于辞令,再加上周到的礼节和优雅的举止,在任何场合,都会畅通无阻,受到欢迎。

总之,公孙胜也认为,员工们彬彬有礼、严谨求实的敬业精神,灵活的应变的能力,娴熟的公关技巧,富有效率的工作态度,会通过日常的接触传递给公众,从而促进店铺正面形象的全面提升。

4. 公孙胜妙激 "黑旋风"

在严峻的形势下,宋江终于意识到,"忠义堂"的形象问题已经到了非改不可的境地了,如果不及时采取有力措施,前面所有的努力都要付诸东流。因此,为避免形象进一步恶化,宋江决定让公孙胜对店铺的员工形象进行整顿,专抓形象工程。

经过一段细心观察,公孙胜发现,近期经常惹出事的李逵、王英、鲁智深等人,其实能力都非常突出。尤其是李逵,性格异常敏感,容易冲动,稍有不如意,往往会产生悲观情绪,同一起进来的戴宗相比,李逵似乎总是在抱怨他人与环境,认为自己得不到宋江的信任,认为自己所有的不如意都是由于环境造成的;同时,他又是一个有着优秀潜质的人,然而却因为整天生活在负面情绪当中,无法发挥出自己的潜质,已经完全享受不到工作的种种乐趣,所以,顾客往往成了他的"出气筒"。

看准之后,公孙胜心中有了定计。

这天下班后,公孙胜邀请李逵到自己家里做客。

几杯酒下肚,满脸通红的李逵打开了抱怨的话匣子:"公孙先生,您是文化人,走过的桥比我走过的路还多,您说说,我和戴宗是一起来的,凭什么他的工资就比我高,凭什么他可以当副店长,我哪点不如他啊?"

公孙胜反问道:"李逵,那么你认为是什么原因造成的呢?"

"当然是宋老板不信任我了,老同事们又都不愿意帮助我,在这种环境中,我怎么可能有所作为呢?"

公孙胜哈哈大笑,意味深长地说:"李逵啊李逵,你知道真正造成你现在这种境况的原因是什么吗?你整天只知道抱怨环境不好,从来就没从自身的角度考虑一下吗?不管你工作的店铺有多庞大,甚至也不管它有多么糟糕,每个人都能在这个店铺中有所作为。某些上司可能对导购的工作有误会,或者对导购的出色表现视而不见,或者不能充分赏识和鼓励;也有一些上司愿意对导购进行培训,改善他们的业绩,并给予鼓励。但不管环境的利弊,最终,卓越的工作表现,都需要积极思考和敬业的态度。像你这样牢骚满腹,不只自己得不到进步,这种悲观的情绪还影响到了周围的其他同事,给店铺良好的团队气氛造成了伤害!"

李逵这个天不怕地不怕的狠角色,一下子被公孙胜说得毫无脾气,不敢吱声。

公孙胜继续说:"给你讲个故事吧:一艘船在海上航行,船舱里藏着一只老鼠。老鼠偷吃船夫的粮食,咬坏船夫的衣物。船夫恨透了老鼠,想捉住它,把它扔到海里去。老鼠有老鼠的办法,它使出看家的本领,在船底打洞,它要躲到洞里去,还要把船夫的粮食也搬到洞里藏起来。你说,最终,这条老鼠的命运会怎样?"

李逵这时头低得更低,通红的脸也不知道是因为酒还是惭愧。

公孙胜看看李逵,继续语重心长地说:"'忠义堂'是不会让你这条老鼠给拖进大海的。其实你自己心里也很清楚,宋老板一直都很喜欢你,挺看好你的,但是你总是令他失望,一而再,再而三地惹出祸事,屡教不改。不瞒你说,宋老板这次伤心透了,已经打算把你辞退了,不过,我拦了下来。看看跟你一起来的戴宗,人家都已经是副店长了,为什么呢?店里店外,我们经常可以看到戴宗忙碌的身影,他积极地向老同事请教、学习,他热情地和同事们打招呼,精神抖擞,积极思考,永争第一。他总是积极地寻求解决问题的办法,即使在受到挫折的情况下也是如此。因此,他总能让希望之火重新点燃,并能够找到成功的方法。你正好与他相反,一旦不如意,总是往消极的方面想,这样能行吗?你们两人是一起来的,但是现在工资都不一样,你是否仔细想过其中的区别?来,这是我连夜写出来的,你看看吧,顺便也把我今天的话转告给王英、鲁智深、史进、穆弘等人。"

公孙胜一边说,一边从背后的书架上拿出一本笔记本,然后翻到其中的一篇文章,递给了李逵。

李逵接过一看,只见上面写着:

梁山服装店最需要的导购的必备素质

1. 敬业与忠诚。工作态度及敬业精神是我店选人时优先考虑的条件。对店铺忠诚和工作积极主动是"忠义堂"最欢迎的人,而那些动辄想跳槽、耐心不足、不虚心、办事不踏实的人,则是我们讲究集体主义精神的'忠义堂'最不欢迎的人。

2. 诚信与责任心。道德品质是一个人为人处事的根本,也是我们"忠义堂"对人才的基本要求。一个有学问、有能力的人,如果道德品质不好,将会对店铺造成比普通人更大的损害。诚信和责任心是我们"忠义堂"生存和发展所必不可少的因素之一,没有责任心的导购,能力再强也是"忠义堂"的蛀虫。

3. 专业能力或学习潜力。专业知识及工作能力是我们"忠义堂"招聘人才时重点考虑的问题之一。没有专业技能的,就要看该人接受训练的可能性,即学习潜力如何。所谓具有学习潜力,是指素质不错,有极高的追求成功的动机、学习欲望和学习能力强的人。

看完这些内容,李逵恍然大悟,坚定地对公孙胜说:"多谢公孙先生赐教!李逵知道应该怎么做了。"

王英、鲁智深、史进、穆弘等人听了李逵的转述,看了公孙胜的手稿之后,默然想了很久。

几天之后,宋江从京师出差回到梁山泊。当在店里看见学习热情高涨,工作形象明显进步的李逵、王英等人,不禁喜上眉梢,赶紧追问公孙胜的处理方法。

于是,公孙胜把全部的稿子都交给了宋江。

宋江仔细一看:

梁山服装店优秀导购的必备素质

……

4. 沟通能力。作为店铺的导购,将面对顾客、同事、上级,良好的沟通能力是确保店铺的工作顺利进行、销售顺利达成的重要因素。

5. 团队精神。一个人再优秀,再杰出,如果仅凭自己的力量,是难以取得事业的成功的。导购的工作特点要求其必须具有团队精神或合作精神,想要做好一件事情,绝不能仅凭个人爱好,独断专行。只有通过不断沟通、协调、讨论,优先从整体利益考虑,集合众人的智慧和力量,才能做出为大家所接受和支持的决定,才能把事情办好。

6. 反应能力。对问题分析缜密、判断正确而且能够迅速做出反应的人,在处理问题时比较容易成功。现在我们的经营管理面临诸多变化，几乎每天都处在危机管理之中。只有抢先发现机遇，确切掌握时效，妥善应对各种局面，才能立于不败之地，进而向集团公司迈进。

看完全文，宋江用力拍着公孙胜的肩膀说："公孙老弟，你和吴用真是我的左膀右臂啊！有你们两个，何愁'忠义堂'不兴旺发达啊！"

5. "忠义堂"形象攻略

经过公孙胜狠抓形象工作，"忠义堂"上上下下拧成了一股绳，新老员工很好地团结在了一起，互帮互助，逐步树立起了"忠义堂"崭新的形象，生意也慢慢地做到了外地，临近几县的民众都身着"忠义堂"的衣服，见面打招呼都说："今天，你逛'忠义堂'了吗？"

看到店铺生意一片红火，宋江整天乐得合不上嘴，心里也难免飘飘然起来。

公孙胜看在眼里，心里不免有些担心，因为目前所开展的形象塑造工作，仅仅只是开了一个好头，更大的考验还在后头，稍微不慎，就有可能反弹，回到原来的混乱状态。因此当务之急就是要建立起完善的长效机制，把员工和店铺的形象建设真正巩固成员工们的一种自我意识，绝对不能止于"头痛医头、脚痛医脚"。

不过，对于公孙胜的告诫，宋江却不以为然。

这日，趁着两人刚好一起吃午餐，公孙胜突然非常神秘地对宋江说："老宋，告诉你一个秘密，孙悟空最近已经彻底被唐僧收服了！"

大唐御用唐氏咨询公司宋江是知道的，该公司由唐僧带领三个徒弟创立，是大宋的邻国大唐最有名的咨询公司。唐僧是该公司的董事长，而孙悟空则是该公司的首席执行官，唐僧性格相对懦弱，做事总是优柔寡断，而孙悟空则相对彪悍，做事艺高胆大，因此一直也不怎么把唐僧这位领导放在眼里,唐僧对此虽然心怀不满但又无可奈何——因为这个公司确实离不开孙悟空!

听公孙胜这么一说,起初宋江大吃一惊,然后觉得不大可能,道:"开什么玩笑? 你少忽悠我! 就凭唐僧那点本事,泥菩萨过江,自身难保,怎么可能令心高气傲的孙悟空臣服呢?"

公孙胜微微一笑,说:"毋庸置疑,论业务能力,唐僧确实不如孙悟空,但你可别忘了,人家背后还有一个非常专业的高级顾问——观音,此人可是把管理好手。唐僧这次之所以能彻底收服孙悟空,靠的其实就是观音专门为唐氏咨询公司量身定做的紧箍咒!"

"紧箍咒? 究竟怎么回事?"宋江的兴趣也慢慢上来了。

"所谓的紧箍咒,其实就是企业的规则、规范和制度! 世界上任何一个人的能力都是有限的,企业允许个人活动的空间亦是有边界的,这个边界是不可逾越的,任何企图超越边界的尝试最后都要受到惩罚,这就是紧箍咒。我们'忠义堂'之前之所以走了那么多弯路,就是因为没有及时给员工戴上紧箍咒,他们想干就干,不想干就不干,想学就学,想玩就玩,没有任何约束,在这种状态下,小打小闹还可以,要想做大事就无异于痴人说梦!"

"也就是说,自由需要约束,行为需要规范?"宋江反问道。

"正是! 就拿我们店铺来说,其实目前最缺的就是一个合理的、具有操作性的员工行为规范。为什么呢? 很简单,因为员工行为规范化是一个团队的特征因素,如果没有规范化的员工行为,那这个团队就不是什么团队,而是一群乌合之众了。与员工行为规范化相关的,是团队管理的制度化。这个制度化,其实就是唐僧嘴里所念的那个紧箍咒了,如果你不遵守员工行为规范,我就用制度来处罚你! 可以说,只有在制度上下足工夫,员工形象和店铺形象建设才能从根本上获得保证,'忠义堂'的品牌形象才能真正树立起来!"

最终,宋江被公孙胜说服了。

不久之后,由公孙胜亲自草拟、宋江审定的《"忠义堂"员工行为规范守则》正式出台并实施,这对于进一步规范"忠义堂"员工的行为提供了有力的保障。

6. 同样"刺儿头"，不同罚单

俗话说得好：江山易改,本性难移。是人都可能会犯错误,任何人都不可能完全按照制度规范的要求丝毫不差地做事,因此,犯错误是正常的。但在每一个店铺中,总存在一部分难以管理的员工,俗称"刺儿头",店铺业绩的提升,少不了这帮"刺儿头"的贡献,与此同时,败坏店铺形象的负面事件往往又都是他们惹出来的。因此,如何正确处理与"刺儿头"之间的关系,如何面对与"刺儿头"之间的矛盾,对于管理者而言是个挑战。

无论是哪一种类型的"刺儿头",总是令管理者头疼,如果不问青红皂白全都开除处理,时间长了,会变成对于店铺中"出头鸟"类型员工的打压,整个店铺也变得死气沉沉,没有创新和活力。

人才有用不好用,奴才好用没有用。因此,当鲁智深、李逵、王英等"刺儿头"犯错的时候,宋江和公孙胜一方面坚持了原则性,同时又注重灵活性,尽量在两者之间找出一个合理的平衡点。也就是说,他们在处理"刺儿头"时区别对待,团结一切可以团结的人,分析"刺儿头"的心理和产生的原因,使用不同的方法和手段,解决不同的"刺儿头"问题。

有能力的"刺儿头"总是很自负的,无论是武松还是鲁智深,无论是燕青还是杨志,都存在这个毛病。因此,宋江总是定期让吴用和公孙胜这两个在技术上是专家、在管理上是行家的人物同他们接触,让他们明白什么叫"天外有天,人外有人",适当地约束自己。与此同时,这些人也是充满自信,总认为自己能解决或摆平任何困难,因此,宋江把他们放在合适的岗位上,给予分配任务时让他们能不断挑战新的工作任务和独立完成的任务,不约束他们的创意,使其满足于新奇的工作和解决更多的困难。

对于有一定能力的"刺儿头",当他们工作上取得一定成绩时,可以给予适当的奖励和夸奖,但是要适可而止,不然他们会恃宠而骄,给他人带来一系列麻烦;当他们犯错误时或以自己优势的后台自居时,决不能采取纵容和忍让的态度,要给予一定的批评,否则不足以服众。对于能力不足而又不可一世的"刺儿头",如果简单将其开除势必引起店铺的隐性资源的丧失,因此,在处理这些人时,给他们找个简单的闲职,隔离核心层员工,使其无法干扰正常的管理活动。

俗话说,死罪可免,活罪难逃。对于前段时间多次败坏店铺形象的鲁智深、李逵、史进、王英等人,宋江和公孙胜根据他们各自不同的情节采取了不同的处理策略。

像鲁智深、史进、穆弘等这些经常因为喝酒而影响工作的人,公孙胜认为绝对不能简单地处分或开除,而是采取特殊的处理方法,不仅没有使个别员工的不良行为影响员工整体形象,反而通过有效的沟通而提高了员工整体形象。

男人嗜酒,天性使然,而"忠义堂"恰恰又是男性员工占有压倒性的比例,所以宋江和吴用还专门返聘安道全为该店的心理医生,设立心理咨询中心,定期接待爱酗酒的员工或登门拜访,针对不同心理情况作细致的工作。有趣的是,安道全自己也是一个有酗酒经历的心理医生,由于他是现身说法,反而显得更有说服力。宋江和吴用的这番苦心,不仅使员工本人深为感动,而且令其家属更为感激,认为这是挽救了他们全家,宋江、吴用在员工心目中的威信也大大提高!不酗酒的员工也很受感动,认为店铺这样关心员工的前途和家庭,值得为其奋斗,从而大大提高了员工的内部向心力。

李逵自从上次经过公孙胜的一番教导之后,工作很卖力,业绩很突出,但依然难以约束自己火爆的脾气,仍有顶撞客人的情况发生,但是鉴于其态度比较配合,能及时认识到自己的错误,多次向顾客与同事"负荆请罪",再加上有不少员工为他求情,宋江和吴用也只好从轻发落,留职察看一年,扣发一年奖金!同时,公孙胜认为李逵已经不再适合在店铺一线工作,于是把他调到仓储部,负责货物仓储工作。

心理咨询

想当年,我也……

至于王英,其行为已经严重影响了"忠义堂"的声誉,而且屡教不改,经过几次开导之后,依然毫无起色,宋江和公孙胜无奈之下,只能把他开除!据说,离开"忠义堂"之后,王英辗转找工作了好久,最后前往江南,投奔方腊去了。

总之,随着轰轰烈烈的"员工重塑"运动的逐步开展,"忠义堂"的员工形象以及店铺形象逐渐得到了改观,再加上"微笑服务"理念的进一步推行,外界对"忠义堂"的评价也逐渐提升,"忠义堂"的品牌更加深入人心!

资料链接 >> 员工形象即是企业形象

如果您已在服务行业历练多年,是否曾深刻地体验到从业者良好的形象能够在第一时间最大限度地提升顾客对商家的信任度并在短时间内拉近顾客与商家的距离。如果您是一名高级人力主管,您是否有这样的体会:一名优秀的专业人才,有文凭,有能力,但由于不太注意自己的职场着装和言谈举止,而影响了自己的职业生涯的顺利发展,留下不该有的遗憾!

而这些问题是出于什么原因呢?美国心理学家研究发现人与人接触时第一印象是这样形成的:55%取决于你的外表,包括服装、个人面貌、体形等;38%是取决于你的表现,包括语气、语调、手势、站姿、动作等;只有7%才是你表述的内容。现在是一个视觉经济时代,个人形象在社会交往中有着不可预估的价值。哈佛商院的教授在《事业发展研究》一书中写道:在事业的长期发展优势中,视觉效应是你的能力的9倍。根据英国的一项调查显示,能展示出良好形象的企业的收费标准要高于同行平均值的9%。

很多时候,我们在外资企业工作时,最大的感受就是单位要求所有的员工必须服装整洁,穿职业套装,女性要化淡妆,男性头发不能很长……让人觉得外企好麻烦,要求员工太多了。

实际上,每一个员工的外在都体现着企业的形象,因此企业乐于包装自己的员工。很多高档的企业和酒楼,员工的服装是一套又一套,最典型的是航空公司的空中小姐和高级酒楼的服务员。当然我们看到这些美丽如花的女子,穿着合体的漂亮服装为我们服务,的确是赏心悦目的一件事情。

但仅仅是发型、着装美丽了,也不过仅是一种表象,外在的美丽不能替代内在的美。比如我们不能观察那些美丽如花的女子下班后的行为,她们私下里闲聊的内容,可能会让你觉得好多人除了那身衣服,其实是不美的,甚至有的人还很俗气,这就是缺乏一种内在的美丽,是缺少内涵的职业训练所致。当她们缺少了内在的美丽时,其形象就大打折扣了。例如,早先的选美比赛,只是选外在的美,但后来加上了问答题,要过五关斩六将才能达到前几名,那其中很多分数,是靠知识答题所得。由此选出来的一个美女,才是顶级的。

其实美丽不需要花很多钱就可以办到。按照美莱国际形象设计的理念"世界上不是缺少美,而是缺少发现",对企业员工需要正规的形象设计,以提升一个企业的整体形象,尤其是对中高级企业管理经理更是需要这样的提升训练。形象设计不是简单的美容美发,而是由内而外的整体气质提升。另外,尊重自己才是尊重别人,没有得体的举止修养,无法让人对你产生信赖和好感。

有一高档餐厅,提出了对企业员工进行"行为科学"的训练,这就是提升内在美、加强内涵的一种训练。经理发现好多员工虽然美丽无比,但在工作的时候一些小事却让客人不悦,比如在服务的过程中动作很大,说话声音不柔和,把客人眼前的烟缸茶杯放得山响……这些行为都会给人造成不悦,让客人以为你对他不满意,他点菜多,你就脸上有笑容,他点少了,你就撅嘴,或者一些不经意的行为,让客人误以为你看不起他,等等。因此,训练的方法是分析客人心理,学心理学,把自己当客人,换位感受一下客人的感觉。有了这些训练,以后服务,就知道揣摩客人的心理,脸上挂着职业微笑,不亢不卑,声音永远轻柔亲切,从客人到达门口一直到消费完毕离开,都从行为和表情上做到让客人满意,至少不会让客人产生不必要的误会。这样训练以后,那家餐厅的生意奇好,软件服务当时堪称一流,没有人能比上他们。

现在很多航空公司选空中小姐也要求大专学历了,学历高一点,看书多一些,做人的道理知道得多,培训起来更容易沟通。这是有道理的:读书多,内在丰富些,加上职业的训练,整体提升职业内涵和气质培训,举手投足都体现一个企业的良好形象,让公司改变形象和提高服务水平,相应的生意就会更好。这就是现代形象设计理念为企业服务的根本目的。而对于一个企业来说,员工好的着装风格、形象气质和言谈举止,不仅仅反映出员工本人积极向上、热情可信的个人魅力和时尚品位,同时更能彰显出一个公司的精神风貌和企业文化,从而提升企业的竞争力。

许多成功的企业领导者在谈到他们的成功经验时都一再表示:公司中的人比公司网络、企业标语更具有说服力。正是这个软功能使这些企业与众不同,它表现在企业职员在外界是如何代表企业的,他们的行为和形象应该与企业渴望展示的形象保持一致。由于通过"人的行为"强调并强化企业形象,使得很多企业从同行业的竞争者中脱颖而出,成为优秀的品牌。因此如果公司员工能展示给客户一个良好的形象,公司可以从中受益。员工的形象等于公司的形象,公司的形象直接影响着公司的利润,因此保持优秀的员工形象是管理者努力取得的目标之一。

管理心得 >>

　　国外流行这么一句话："60 年代讲化妆，70 年代讲香水，80 年代讲健美，90 年代讲美容，21 世纪讲形象！"可以说，形象的价值在当今社会已经占据了重要的地位，有时候甚至比智慧和知识还重要。

　　员工是店铺形象的主体，他们的一举一动，在外人的眼中，无不影响着店铺的形象，员工的形象也就是店铺的形象。特别是在顾客的眼里，员工给顾客自信的感觉犹如店铺给顾客店铺实力的感觉。员工的谈吐影响着店铺的信誉，如果员工在与顾客沟通的时候满口脏话，顾客对这个员工所讲的话就要产生一半的怀疑，甚至可能对店铺有看法。因此，店铺必须创造条件，通过完善机制、约束行为等措施，不断提高店铺员工队伍的形象。

第六章

加薪的"蝴蝶效应"

好的薪酬体系，可以激发店铺上下最大的潜力；不好的薪酬体系，往往会导致将走兵散等致命问题。因为薪酬管理涉及到店铺里每一个人的切身利益，所以薪酬管理有其特殊的重要性和敏感性。因此，"薪"平才能气和，否则会变成"薪酬，心愁，白了少年头"！

1. 破财不讨好的加薪

话说"忠义堂"经过一段时间的"形象塑造"之后，员工形象和店铺形象得到了很大的提升，上上下下精神面貌焕然一新。

由于工作到位，"忠义堂"今年的业绩比较好，无论是营业额还是利润额都创历史新高。因此，在一次员工早会上，宋江突然宣布，凡连续上班五天无请假、迟到、早退的员工加发半天的工资；凡连续五天完成销售目标的加发一天工资；每五天评出一个业绩最佳者加发一天天工资；一个月无迟到、早退、请假的发全勤奖；年底还另外发年终奖！

本来，这是个令人皆大欢喜的好事，老板赚钱多了高兴，员工多发奖金了自然也应该欣欣鼓舞。没想到结果却是，员工非常不满意，甚至有一些人还开始消极怠工，整天工作心神不宁，无精打采。就拿花荣来说吧，一直都是"忠义堂"的第一号卖手，年年都被评为员工标兵，但在宋江决定加薪之后，他的销售额甚至不如往常的一半，弄得最后连宋江都不满意了，心想："明明是老子掏腰包，你们还有什么不满意的？看看咱们隔壁的小店铺，人家的工资标准都还是十年前的呢！"

不加薪，还相安无事；加薪了，反而掀起波澜！宋江左思右想，就是不明白：明明是一件双方都有利的事情，为什么最后却闹得不欢而散呢？

眼看一度红火起来的生意又一片惨淡，而宋江一点办法都没有。

于是，宋江赶紧召回当时还在外地出差的高级顾问吴用。

吴用回到梁山泊的当天，前脚刚踏进屋，宋江就后脚跟进来了，劈头就像吴用诉苦说："老吴啊老吴，你评评理，加薪这事我宋江究竟哪里做得不对了？弄得现在好像都是我一个人的错！"

其实，宋江宣布加薪之前根本没有同任何人商量，甚是突然，也没有任何实施方案。当时吴用就已经隐隐觉得此事不妥，但宋江话已出口，收不回来，也不好当面扫大家的兴，所以只能按下不说，静观其变。

如今，宋江贸然加薪的后遗症终于暴露出来，作为宋江的高级顾问，吴用当然不能袖手旁观。

知道宋江现在很着急，所以吴用干脆让他一口气发泄完，等其冷静下来再说。于是，吴用给宋江倒了一杯冰镇啤酒，降降温。

待宋江发泄完毕，吴用才慢条斯理地对宋江说："老宋啊老宋，不是我说你，你那么冲动干嘛？给员工加薪、发奖金这个问题，本身并没有错，错就错在你选的时机和方法不对！"

"哦，愿闻其详！"

吴用轻摇鹅毛扇，好像已经成竹在胸："其实啊，刚开始采用的金钱激励机制是没有错的，错误在于缺少了另外一方面。我刚得到一个消息，前段时间大唐御用唐氏咨询公司的沙僧提出辞职了！"

宋江吃了一惊，在唐氏咨询公司里，沙僧虽然不像孙悟空、猪八戒是打打杀杀的将才，但是公司的大大小小的后勤、财务工作都是他在一直负责,怎么突然会辞职呢?

吴用卖了关子之后,继续说道:"本来以他们师徒的感情,经历了取经路上的风风雨雨,无论如何沙僧是不会辞职的,但是在经营公司后,唐僧忽略了一点——对沙僧的感情关注。钱对沙僧来说是次要的,但是没有得到唐僧的重视使他动了辞职的念头。"

听到这里,宋江似乎明白了什么。

看着宋江若有所思的样子,吴用把话点明了:"有调查显示,经济学家大多倾向于把金钱作为最重要的激励因素,而行为学家和心理学家则倾向于把金钱放在次要地位,提倡情感激励。也许这两种看法都不是完全正确的。对于大部分员工来说,金钱的数量与情感上的沟通都是必要的。两种激励因素都有它们各自的适用条件,只有在恰当的条件下使用恰当的激励方法,才能够达到管理者的目的。大多数的管理者都非常熟悉金钱对于下属的激励作用,然而对于金钱之外的激励因素却不够重视。事实上,人们并不总是在为金钱而工作。许多管理者会有这样的经验,一句关心的问候,一份真诚的尊重,往往会使下属更愿意听从你的吩咐。尤其在面对那些衣食无忧、对金钱并不是特别感冒的下属时,管理者就更需要用情感来进行激励了。"

宋江边听边点头。

吴用继续说:"春秋战国时期,吴起做将军时,和最下层的士卒同衣同食。睡觉时不铺席子,行军时不骑马坐车,亲自背干粮,和士卒共担劳苦。士卒中有人生疮,吴起就用嘴为他吸脓。这个士卒的母亲知道这事后大哭起来。别人说:'你儿子是个士卒,而将军亲自为他吸取疮上的脓,你为什么还要哭呢?'母亲说:'不是这样。往年吴公为他父亲吸过疮上的脓,他父亲作战时就勇往直前地拼命,结果战死。现在吴公又为我儿子吸疮上的脓,我不知他又将死到哪里了,所以我哭。'情感激励的厉害可见一斑啊!"

一下子,宋江如醍醐灌顶,对吴用说:"听君一席话,胜读十年书啊!"

吴用只是笑了笑,默认了宋江的夸奖。

"具体到咱们'忠义堂',这几年物价飞涨,物价指数 CPI 上升的速度都可以跟刘翔 PK 一通了,很多人都快撑不住了,因此,考虑到我们员工的实际问题,给他们加薪也是应该的!"

说到这儿,宋江逐渐来了精神。

"不过,加薪这事情,不管在哪个企业,首先要解决的是内部公平问题。在薪酬设计中,员工关注内部的相对不公平远远大于外部的不公平;员工关心的不仅是自己的工资水平,更关心与他人工资的比较。他们认为同样内容的工作就应该拿相同的薪酬。当员工感觉到对自己不公平时,他的满意度通常会下降;而且员工在比较时,往往高估自己的能力,低估他人的能力。值得注意的是报酬与满意度联系的关键不是个人的实际所得,而是对公平的感觉。哪怕别人薪酬比他高一点点,员工也会感觉不舒服。"

"这一次,我给每个人增长的工资都是一样的,难道还不算公平吗?"宋江反问。

"当然不公平了!店铺中不同的岗位,不同的工作,产出水平是不一样的,对店铺的贡献同样也有大有小,你这样'一刀切'的加薪,怎么可能令大家满意?举个例子说,林冲、戴宗是店铺领导之一,花荣是导购,三个人的级别不一样,你给三人加一样的工资,可能花荣觉得不错,但是你是否想过林冲、戴宗他们心里怎么想?难道他们认为这样公平吗?"

"原来如此!"宋江恍然大悟。

"其次就是期望值的问题。这主要包含三个方面的内容:一是员工认为工资应该与店铺的效益同步上涨,投入与产出挂钩。当店铺业绩好而工资上涨幅度远远小于效益上涨幅度时,就会引起员工的普遍不满。二是员工的个人差异问题。能力强、业绩突出的员工希望能多涨一部分工资,当他的期望值未能满足或他认为工作绩效与激励并不明确时,工作积极性就会明显下降。三是工资的有限激励问题,当工资低时,稍有上调激励作用就很明显;而当工资达到一定幅度后,员工更关注的是事业的感受、成就的认同等非工资性因素,满意度也会从这些方面来衡量,这时的工资上涨对他的激励作用反而有限。"

"原来还有这一层奥妙!我怎么就没想到呢?"宋江叫道。

"最后还涉及一个外部公平性问题。当员工认为他的工资与外部同行、同地区人员的工资相差很大时,他的不满情绪就会油然而生,尤其是随着大量国内著名品牌蜂拥进驻梁山泊,人家有雄厚的集团资金实力做后盾,其高薪酬、高福利会对我们的员工形成极大的诱惑,这时虽然加薪,但额度与外部相比基数太低,仍会引起员工不满!就拿高俅的店铺来说吧,当时为了招揽到优秀的人才,人家对员工待遇的开价,可不是我们这种小店所能承受的,但人家既然已经开了这么一个先例,以后这个行业自然就水涨船高,员工总是拿我们的工资待遇和人家的对比,这样一来,不满就滋生了!"

"有道理!不过老吴,现在我已骑虎难下,你得帮我想想办法,以便对目前这个问题有个交代。一方面不至于太增加店铺的成本负担,另一方面又能激发员工的工作积极性!"

吴用摇摇扇子,微微一笑对宋江说:"在找出一个解决这个问题的方案之前,我们不妨先来研究一下这个薪酬管理问题,再做一些小实验。"

接下来的一段时间,吴用结合国内典型薪酬大败局案例,从不同的层面来解析店铺的薪酬管理问题。

2. "忠义堂"的薪酬缺陷

归根结底,宋江这次调薪费力不讨好的症结就是薪酬管理出了问题。据一些企业管理专家研究表明,一个科学而合理的薪酬管理,往往能够发挥员工的积极性并促进其发展,然后以一种独特的方式在企业人力资源管理中发挥着不可替代的作用!

当然,一个企业,如果单纯依靠一个好的薪酬体系,也不一定能够获取在人力资源方面的竞争优势,因为物质报酬不是唯一的员工激励工具,高俅的"高薪攻略"就是一个典型的反例:想当年,为了抢滩梁山泊这块市场,他不惜重金招揽人才,但收效甚微,业绩每况愈下,而且还弄得"尾大不掉",进也不是,退也不是。还是美国通用仪器公司总裁弗朗科斯弗说得好:"你可以买到一个人的时间,可以雇用一个人到指定的岗位,可以买到按时或按日计算的技术操作,但你买不到人的热情,买不到创造性,买不到全身心地投入!"

诚然,经过多年的修订和完善,目前"忠义堂"的薪酬管理体系相对于王伦、晁盖时期已经有了明显的改善,从表面上看也挑不出什么太大的毛病。但在吴用这个专家看来,依然是问题多多,需要改善的地方还很多。

首先,随意性强,升降完全取决于老板意志。当然,这也并非"忠义堂"一家存在这样的问题,梁山泊周边很多店铺都是这么回事。多年来,"忠义堂"员工薪酬水平的制定,一直都没有一个定数,大多数时候完全是按照老板的意愿而变动。自从"忠义堂"这个店铺来到宋江这个感情丰富的老板手里之后,薪酬就更加变化无常了——心血来潮时,他可能今天突然喊加薪,也可能明天莫名其妙地降薪!

其次,等级森严,工资与职位高低挂钩。宋江这一次给员工涨工资,之所以引起这么大争议,一个非常重要的原因就是"忠义堂"原来的薪酬体系等级森严,岗位级别层层递增。天罡星员工(高层职员)和地煞星员工(中低层职员)待遇差别很大,增长一样的工资,基层员工可能很满意,但是那些中高层员工就不大乐意了。按照"忠义堂"目前的工资体系,如果一个人不幸一直处在一个级别不高的岗位上,那么他根本不大可能获得太高收入,无论他干得多么出色!可以说,"忠义堂"这种"一岗一薪"的薪酬制度,其实质完全是根据岗位本身的价值来确定员工的薪酬待遇,而不考虑不同的员工在同样的岗位上所达到的实际绩效差异。

再次,水平偏低,缺乏竞争力。或许,相对于梁山泊服装一条街的那些小店铺来说,"忠义堂"的员工待遇不算低,但是相对于那些外资企业(如辽国实业集团)、垄断性国有企业(如大宋实业集团)的员工待遇,却只能算是"小巫见大巫",根本拿不出手,这也是为什么高俅以及那些外资企业挖墙脚能常常得手的重要原因。

最后,绩效评估不科学,激励作用有限。同很多大宋民营企业一样,"忠义堂"对员工的绩效评估也不可避免地有一些主管的主观意见在里面,这就对员工绩效评估的科学性大打折扣。心胸狭隘的主管往往会因一己之见偏离客观的标准,造成绩效评估的不公;公私分明的主管也会因为其他原因或多或少地影响绩效评估。反过来,员工也较易因主管的不公而引发情绪,进而影响对工作的热情,最终导致店铺经济效益的下降。

总之,在吴用看来,"忠义堂"现有的薪酬管理体系,已经不再适应当前店铺发展的实际,改革已经势在必行。

3. 小旋风钱庄的教训

江湖传说,柴氏家族几十年来之所以如此风光,一个非常重要的原因就是因为他们手里握有大宋皇帝亲手御赐的"丹书铁券"(民间俗称"免死金牌",是皇帝颁发给功臣、重臣的一种带有奖赏和盟约性质的凭证),一直是政府重点扶持的对象。因此,等到柴进接手的时候,小旋风钱庄已经大宋规模数一数二的民营金融机构了。

作为一个银行家,柴进向来行侠好义,颇有孟尝之风,因此江湖人士也赞誉他"仗义疏财欺卓茂,招贤纳士胜田文"。不过,讲义气归讲义气,但柴进在企业管理上的能力上确实不怎么样。自从接手钱庄之后,仗着财大气粗,柴进做事往往不计成本,经常不讲策略地往员工身上砸钱!最后,不仅减少了钱庄的利润,而且还无法起到激励员工的作用。而且,小旋风钱庄人事制度不健全,员工薪酬管理基本上是柴进说了算,根本没有一个完整的管理体系,更不用说什么科学的绩效评估体系了。

洪教头是一位职业经理人,被励精图治的柴进从某外资企业挖过

来当总经理。柴进对他特别信任，完全授权他人、财、物的控制权。自从洪教头出任钱庄总经理之后，就进行了一系列大胆的改革，不仅提高了员工工资，而且还为员工提供了多项福利如集资住房等，一时士气高涨，业绩一路看涨。

可惜好景不长，不到一年时间，钱庄人力资源成本大幅度上升，增长率超过了40%，而同期经营业绩虽然有所增长，却只有10%。这就意味着，虽然钱庄业绩增长了，但利润反而大幅下降，无法完成后周钱庄董事会下达的经营目标。

洪教头见苗头不对，立即采取措施，首先拿员工待遇开刀，不仅减少了员工福利，而且还大幅下调了工资。

结果可想而知，刚刚尝到点甜头的员工立刻又降到原点，倍受失落，强烈不满，于是乎，有的消极怠工，有的心不在焉，有的干脆玩失踪，甚至有的还直接炒了单位的鱿鱼，走人！

在洪教头等庸才的一再折腾下，小旋风钱庄业绩每况愈下，再加上柴氏家族本身也发生了一些变故，小旋风钱庄最终不得不宣布破产，柴进最后也只能狼狈不堪地前来梁山泊投靠宋江。

那么，在这件事情上，洪教头的问题出现在哪里呢？很简单，他违背了激励限度的原则——无论是涨工资还是降工资，都需要一个循序渐进的过程，逐步增加或降低才能取得预期激励效果。工资增加（或降低）都需要有一个周期，以确保薪酬政策的延续性，绝对不能朝令夕改。此外，薪酬增长原则还有两个非常重要的参数必须充分考虑：一是企业员工工资总额的增长要低于同期营业收入的增长；二是员工人均工资的增长要低于同期店铺利润的增长。

因此，吴用认为，在设计薪酬方案时，工资、福利的调整要以店铺的经济实力为前提，确保店铺正常的利润周期，不能等到"青黄不接"的时候才手忙脚乱地调整。此外，当店铺陷入困境的时候，员工应该是被安抚的对象，而不是拿来开刀的对象。也只有这样，员工在关键时刻才会跟店铺同舟共济，共渡难关，否则，只能搞得两败俱伤，树倒猢狲散。

4. 高俅的昏招

别看高俅表面特别风光，在大宋商界、政界左右逢源，呼风唤雨，其实从本质上讲，他就是一个地地道道的地痞流氓混混，要才没才，要德没德，要度量无度量。因此，仅管他曾位高权重，但管理昏招依然层出不穷，一时成为业内笑柄。

那是很多年前的事情了。

当时，高俅决定下海经商，在宋徽宗的授意下，成立大宋实业集团，高俅出任总经理。大宋实业集团有个叫呼延灼的员工，能力出众，业绩非凡，宋江、吴用等人曾吃尽了这家伙的苦头，高俅对他也一直颇为称许。

为了培养呼延灼，当时高俅可谓煞费苦心——先把呼延灼下放到基层锻炼，然后提拔为业务主管，等阅历足够之后，又来个"三级跳"，被高俅直接升任集团部门经理。

本来,这对呼延灼是一件好事,可事情的安排却并没有让他兴奋起来。当时,恰逢集团员工年度调薪,高俅却做了如下特殊规定:呼延灼暂不参与原岗位的年度调薪,也不做升职后的薪酬调整(因为按集团规定所有新晋升的人员需经三个月的试用期才给享受相应级别的薪酬福利待遇)。因此,呼延灼被升为部门经理后工资仍然维持在业务主管的水平,而他所在部门的众下属均提升了薪酬(由于呼延灼的破格提升,为了安抚部门的其他员工,其下属的几个副主管的工资还破格大幅提高),工资水平均超过呼延灼;三个月后,呼延灼的工资进行了调整,水平也仅与下属主管的水平相持,是集团所有同级经理中最低的。

没多久,呼延灼不声不响地离开了高俅的公司,改投到敌营"忠义堂"并被宋江委以重任。从此之后,心有不平的呼延灼,一有机会就跟高俅对着干,令高俅头疼不已!

那么,高俅的这一昏招究竟错在哪里呢?

问题一,类似呼延灼这样被上司连升几级的晋升举措,往往是有欠周密考虑的,太过冒险。这不仅不符合员工成长的规律,而且还严重破坏了公司内部的管理平衡,而这种平衡的打破很难在短时间内得以恢复。

问题二,呼延灼晋升后,公司的薪酬调整处理欠妥,而这个问题最终直接导致了呼延灼的离职,使得本次晋升在增加了更多的人力成本的情况下(增加了部门人员的薪酬)却颗粒无收(甚至是负成果,如失去了呼延灼这样一个人才),甚至还会因为这件事件打破了部门内部及部门之间的薪酬平衡,形成薪酬不公平,给今后的管理带来了更大的隐患。

晋升本是一件好事,因为晋升可以激发更多员工的积极主动性,也是企业用人唯贤的良好佐证,而对被晋升的员工来讲,更是努力工作回报企业的机会。但结果却引起了被晋升者的出走,在增加管理成本的同时,给企业内部的员工提供了一个影响很坏的例证,真可谓是弄巧成拙。

作为事件主导者的高俅,没有充分考虑各方的利益关系及相关人员的心理感受,使晋升后的局面成为一个畸形的状态,最终导致呼延灼心怀不满而离职，这至少说明，高俅缺少一个管理者所应该具备的平衡素质。由于没有吸取这些经验教训，再加上用人唯亲，随着时间的推移，高俅手下的人才源源不断地外流，这也为后来高俅的失败埋下了伏笔。

5. 薪酬小试验

樊端刚来"忠义堂"不久，之前也全国各地跑，业务员、促销员、收银员什么都做过，而且也颇有成绩，后来加盟项充和李衮在徐州开的芒砀山造纸厂，三人风光了好一阵子。

谁知道，随着国家加大环境保护整治力度，芒砀山造纸厂因为污染比较严重，排放指标不合格，最终被政府拉入关闭名单。

三人一核计，心想：造纸有污染，卖衣服总没有污染吧？于是，决定做服装生意。经营纸厂这几年，三人也积攒了一些钱，不过都对服装生意还不大了解，一时不知道该如何下手。

对于宋江靠服装发迹的事，樊端、项充和李衮三人早有耳闻，因此，在自己做服装生意之前，决定去"忠义堂"学习一段时间，等感觉差不多了，要么就做加盟店，要么就自立门户。

于是，三人来到"忠义堂"应聘，通过层层考核，最终被录用，成为店铺的导购员。

樊端人本就伶俐，口才出众，加上有多年的营销经验，工作起来自然得心应手，业绩直线上升，提成收入十分可观，日子过得很滋润。没想到，正当他还在憧憬着下个月的业绩一定要创新高的时候，一个薪酬试验落到了他的头上。

这日下班之前，樊端被人事部经理公孙胜叫去谈话。大意是：为了使他得到进一步的锻炼,决定从下个月降低他的基本工资和提成。

听到公孙胜这么一说,樊端心里咯噔一下,老大不情愿,但公孙胜在店里历来说一不二,即便是宋老板也礼让三分,对此樊端也是知道的,所以心里也不免有些怕他;再者樊端一想,自己此行的主要目的是学习和积累经验,工资不是自己最关心的问题,于是就忍气吞声地回去了。

回到住处,见到项充和李衮,樊端正要诉苦;却发现二人眉飞色舞,一问之下,真是险些气炸了肺。

原来,项充和李衮刚也被人事部经理公孙胜拉去谈话了,两人分别接到了不同的薪资方案:项充得到了较高的基本工资和提成,李衮虽然提成低了点儿,但是基本工资高。比起二人刚到"忠义堂"时的待遇已经明显提高了很多,二人的薪资虽然不同,倒也都比较满意。

兴之所至,他们问起樊端的薪酬如何调整,樊端本待和盘托出,转念一想,这样岂不是说明自己不如他们两个了?于是就支支吾吾地岔开了话题,心里万分不自在。

次日,樊端上班时不免就有些走神,暗自打着小算盘:自己这基本工资这么少,提成又这么低,就算再努力也不可能超过项充和李衮;前几个月自己都比他们拿得多,这个月一发工资肯定就不如他们,被耻笑是难免了,真是还不如不干算了!

心里这样想着,工作中也就带上了情绪。对待顾客不再像以前那样尽心尽力,说话也不客气起来。

刚好一位顾客多试了几件衣服,还没有看中的意思,樊端竟然来了一句:"试这么多,你到底买不买啊?买不起就别在这里浪费时间!"

这句话一出口,顾客脸都变色了,冷哼一声转身就走了。

同店的徐宁一听,简直不敢相信这是樊端说的话,冲着樊端就说:"老樊,你以前不是整天都乐呵呵的吗?今儿这是怎么了,说话火药味这么浓!刚才那位顾客难道你不认识吗?她可是大宋第一明星李师师,当今圣上都经常微服私访去看她的演唱会呢!人家李大腕光顾咱们'忠义堂',是多好的一个免费广告啊!要不是因为你小子平时机灵,嘴上一套一套的,宋老板会让你一个新来的导购去接待她吗?这下可好,全都被你搞砸了!"

那边,向来能言善辩的燕青已经去追李师师,努力挽回局面。

樊端听了徐宁的话,脸上略有愧色,但也不说话认错,扭身去了店里的一个角落,借整理货品来掩饰自己的尴尬。

项充由于拿着高工资和高提成,干起活来是精神抖擞,一心想多做些业绩来,在三人当中扬眉吐气一回;接待起顾客来也好像突然开了窍,介绍货品知识都不打磕巴,什么附加推销以前都不会做的竟然也能够像模像样地做起来。李衮心知要想超过这个老朋友,必须得加倍努力,比对方卖得多才行,工作起来也就有意识地向燕青、花荣、徐宁等优秀导购学习,顾客服务技巧很快就提升了不少,一天的业绩竟然达到了以前的两倍!

转眼间一个月过去了,果不其然,项充和李衮拿到的工资差不多,后者还略高了些,樊端最惨,连他以前的一半都没有。此时的樊端,感觉自己在"忠义堂"已经没有什么发展前途,萌生去意,但碍于项充和李衮的脸面,勉强在梁山泊继续干下去。

很快,三人分别接受不同的薪资标准已经三个月了。樊端已经完全灰心丧气,整日在店里是无精打采,纯粹是混日子;李衮也不复刚调薪时之积极,稍不努力就比项充拿的少;项充状态最好,不过负责财务的柴进已经对宋江提出了意见,说项充对店里而言负担有些重。这时樊端决定离开梁山另求发展,项充和李衮决定继续留在梁山。

宋江看着手上的关于樊端、项充和李衮三人的工作状态报告,突然之间好像明白了一点什么。

吴用于是趁热打铁对宋江说："老宋，当初我们的试验，分别对他们三个人采用了高底薪高提成、高底薪低提成、低底薪低提成三种方式。现在不用我多说，你也发现这三种方法中存在的问题了吧？低底薪低提成造成了樊端拿不到理想的工资，结果开始不努力，越不努力销售越差，销售越差工资越低，就进入了一个恶性循环；高底薪低提成在最初是激励了李衮努力，但是慢慢地他就心生懈怠，反正销售差点儿也没关系，还有很高的底薪做保底，产生了多卖不多拿、少卖不少拿、不卖也照拿的想法；项充在高底薪高提成的刺激下工作还是比较积极的，但是对于店铺来说，这又是一笔不小的开支，就像店里目前的状况，导购的支出成为店里很大的负担。所以说，这三种薪酬模式都不大适合'忠义堂'！"

"既然如此，那么，怎样的薪酬设计才真正适合我们'忠义堂'呢？"宋江迫不及待地问。

6. 优化薪酬设计

吴用心里非常清楚，在员工们的心目中，最重要的事莫过于他们的工资。身为老板，如果你拿员工的工资开玩笑，简直就是在拿你自己的威信冒险。更糟糕的是，如果这么做了，他们还会认为你这个老板不诚实，缺乏道德，只关心自己，毫不顾及员工们的利益。这样的观念一旦形成，员工们就会开始有样学样，眼睛只盯着自己的利益，而把店铺的利益抛到一边。

不过，要设计、实施好一个合理的、公平的、有效的薪酬制度并非一件易事，好的薪酬制度要解决员工的内在需求——即员工在想什么，希望得到什么，店铺如何给予满足。所以，要建立科学合理的薪酬制度,一定要针对不同时期、不同类型的员工设定相应的薪酬。也就是说,要找出员工的需求点(兴奋点),然后"对症下药",薪酬激励的效果才能最好。

一是薪酬调查。外部调研是解决工资外部不公平的有效手段,通过外部调查,有一个明确的比较数值,店铺才能确定工资在市场上的地位和竞争力,加薪才能有科学依据。一般说来,店铺薪酬水平要处于市场平均水平线以上,才能保证有竞争力。而通过内部调研,了解员工最关注什么,是高薪酬、高职务还是培训机会等,这样在具体设计时才能有的放矢。

二是职位评估。通过评估各岗位的相对价值和重要性(可采用要素计点法计算出每个职位精确的点值,并依此划分职位等级和薪酬标准),根据岗位价值和对店铺的贡献度加薪,才能解决内部不公平问题。

三是绩效考核。职位评估解决的是职位的相对价值,对岗不对人;而考核解决的是员工业绩,对人不对岗。员工的能力和业绩会在考核上集中体现,这样依据业绩再来提升工资,用事实说话,员工不满意的情况会减少许多,老板也不会再为员工抱怨而挠头。

四是薪酬结构的合理设计。改变以往薪酬等级是单纯的点值,把它变成一个区间,区间幅度适当加大,上下级之间可以有一定的重叠。如果员工足够努力,薪酬待遇有可能比上司还高;反过来,如果上司工作不够积极,薪酬待遇也有可能不如下属。如此一来,最终形成较大范围内的激励作用。

五是文化导向。任何制度设计都离不开店铺的文化导向,店铺关注什么,价值观是什么,在绩效考核、职位评估等制度上往往都会有突出的体现,薪酬设计也不例外。加薪应向店铺关注的重点、关键岗位倾斜,引导员工行为向店铺期望的方向努力。与此同时,通过向重点岗位倾斜,店铺才能吸引和留住优秀员工,店铺才能实现可持续发展。

六是与其他制度相互补充。在一个店铺里,并非只有加薪才能提高员工满意度,通过调查,发现员工的关注点,有针对性地激励,效果往往会更好。一些专家研究表明,良好的福利、合理的晋升阶梯、带薪休假制度、股票期权乃至良好的培训机会等,都有可能吸引员工更加努力地工作。因此,店铺应该根据员工的意愿,灵活地运用其他激励制度,这样才能让员工最大限度的满意。

七是合理核算工资。工资是刚性成本,店铺要避免人力成本无限上升,就要根据下一年度业绩增长预测,设定合理的上涨幅度。只有这样,员工工资上涨才同店铺的目标紧密相连,才能有效地避免"工资涨上去,利润降下来"的尴尬。确定上涨总额后,根据上述原则,核心员工多涨一些,普通员工少涨一些,这样不仅有效地控制了人力成本,而且向员工传达了一个强烈的信号:薪酬是自己争取的,只有干得好,为店铺创造价值,工资才能越涨越高!

吴用说到这里,宋江已经对他佩服得五体投地,长揖拜倒说:"老吴,你真是我们'忠义堂'的福星啊,什么困难都难不倒你! 你的意思我已经明白,我马上按你的意思去办!"

资料链接 >>　零售业薪酬设计八步法

过去几年里,伴随着中国经济的快速发展,国内消费需求不断上升和需求的多样化,使零售市场进一步细分,多种业态纷纷出现,迅速成长,共同发展,促进了国内零售市场的整体繁荣,带动了整体零售业的快速发展。2007 年,国内生产总值比 2006 年增长 11.4%,社会消费品零售总额比上年增长 16.8%。零售总额增长的同时也加剧了零售市场的竞争,而拥有人才,是公司制胜的关键。遗憾的是,目前零售业普遍存在人才紧缺、跳槽频繁的现象,而其中比较重要的原因之一就是薪酬制度的不合理。所以,怎样才能吸引和留住员工,设计合理的薪酬就是企业要面对的重要问题之一。那么零售业的薪酬应该如何设计呢?

XX 公司是青海省某地级市一家连锁超市,公司成立于 2003 年,现有员工 355 人,在该地区有 5 个超市,随着销售额的不断上升和人员规模的不断扩大,公司整体管理水平急需提升。人力资源管理的薄弱直接制约着公司的发展,比较突出的问题是薪酬分配方面的问题。主要问题有:

第一,薪酬分配内部不公平。在早期,人员较少,单凭老板观察,还可以分清楚给谁多少薪酬,但在目前人员激增的情况下,公司老板已经很难了解每个下属,但还凭感觉来定薪酬,就不可避免地存在不客观、不公平的现象。

第二,不了解同行业的薪酬水平,无法准确定位薪酬整体水平。给谁加薪、加多少,没有一定的参照标准。

第三,薪酬结构不合理。不知道固定工资、浮动工资、奖金的比例到底如何分配。

针对这些问题,可以参照常用的薪酬设计思路,并结合零售业的特点,进行薪酬方案设计,总体上可分为以下八个步骤:

1. 明确薪酬策略

结合公司战略发展的要求,确定公司的人力资源战略,进而确定薪酬策略,完善公司的薪酬管理体系。薪酬策略是薪酬分配的总方针,在与外部市场薪酬水平对比方面,主要分为"领先""跟随""滞后"三种策略。确定薪酬策略时应注意这样一些要求:首先,薪酬水平能够吸引和留住人才;其次,薪酬能够起到较好的激励作用,提高公司的整体工作效率;再次,薪酬的投入能够为企业带来更大的收益;最后,薪酬决策要科学合理。依据"以人为本"的价值观和以业绩为导向的薪酬观,按照公平性、竞争性、激励性、经济性、合法性的原则,关注中高层和骨干员工,并结合零售业人才流动频繁的特点,确定该公司应该采用"领先"和"跟随"并行的薪酬策略:对于核心员工应采用"领先"策略,使核心员工的薪酬在外部竞争中占有优势,在内部与普通员工拉开档次,充分体现激励性和公平性;对于一般员工应采取"跟随"策略,兼顾薪酬的经济性和竞争性。这便建立起对内有公平性和对外有竞争力的薪酬体系,在一定程度上能够稳定员工队伍。

2. 评估岗位价值

评价岗位,主要包括岗位分析和岗位评价两部分。岗位分析又称工作分析,任务是在设计组织结构的基础上,进行部门各个岗位职责的梳理和分析,主要从工作内容、任职资格、管理权限、所需经验、能力和知识等多个方面,编写岗位说明书,最后形成公司的组织结构图及所有岗位说明书等文件,这是薪酬制度建立的基础。

岗位评价是确定报酬因素,选择评价方法,组成行业专家组对岗位价值进行评价的方法,目前评价的方法主要有"28因素"法、海氏评价法等。岗位评价是保证内在公平的关键一步,以具体的数值来表示每一职务对本公司的相对价值。

因为该公司是超市零售业,所以他们的工作岗位可分为商品生产类、商品销售类、商品管理类和职能管理类四种。商品生产类主要包括超市自制商品采购、加工等岗位;商品销售类大概包括销售、高级销售、资深销售等岗位;商品管理类包括商品的采购、保管、定价、监督、收银、开票等岗位;而职能管理类的岗位可分为市场管理、财务管理、经营管理、安全保卫等。结合零售业以能力、业绩为主要导向的特点,该公司可采用"28因素"法来进行工作评价。它包括责任因素、知识技能因素、岗位性质因素和工作环境因素等四大类岗位价值因素,对每个因素又分为若干个子因素,共计28个因素,共1000分,是一种可以较为准确地确定岗位价值的量化评价方法,适用于多类型岗位。通过评价可以形成该公司相对客观、准确的岗位价值图,同时按照岗位价值相近的原则,对公司的所有岗位进行分级,这个结果将作为薪酬设计的基础。

经过岗位评价这一步骤,无论采用哪种方法,总可以得到表明每一岗位对本公司相对价值的顺序、等级、分数或象征性的金额。岗位工作的完成难度越高,对本公司的贡献越大,对公司的重要性也就越高,就意味着其相对价值越大。若公司内所有岗位的薪资都按经过科学评估的岗位价值大小定薪,便能在一定程度上保证公司薪资制度的内部公平性。

3. 确定薪酬档次

岗位评估获得的各岗位相对价值的数值并不就是各个岗位承担者真正的薪资额,还需要结合外部市场的薪酬数据,并据以转换成实际的薪资值,才能确定每个岗位的薪资水平。

在结合外部数据进行转换前,还要先将岗位评价的分数进行分档,根据分数值差值幅度以及岗位级别的变化,使用分段取点的方法,在150~950分之间分为五档,这样就确定了薪酬档次。比如,管理类职系就分为"初级、中级二、中级一、高级、资深级"。

4. 寻找外部数据

由于该公司是超市零售业,而且在当地开了5家大超市,由于不同地区存在基本生活费用、地方文化、生活便捷程度等方面的差异,所以不同地区应该有不同水平的薪酬;即使其他条件相同,不同地区同一薪点的薪酬客观上也存在着差异,所以就算岗位价值评分相同,相应的薪酬也应有差异,这就更加需要对各地区的薪酬数据进行调查,主要寻找本地区、本行业,尤其是主要竞争对手的薪资数据。参照同行或同地区其他公司的现有薪资来调整该公司对应工作岗位的薪资,可以保证公司薪酬分配的外在公平性。

获取薪酬数据的途径主要包括:

——查阅统计部门、劳动部门、工会等公开发布的资料,图书馆中年鉴等统计工具书;

——通过抽样采访或网络问卷进行收集;

——通过同行业其他企业的招聘信息中了解;

——通过来本公司应聘的求职者了解;

——向专业的调查机构咨询。

5. 设定薪酬等级

在确定了薪酬档次之后,结合外部的薪酬数据,就可以确定薪酬等级了。

薪酬的计量基准一般有薪档和薪酬系数,薪酬系数是岗位评价分值的最高分与最低分之间的倍数,相对而言,薪酬系数更具有科学性。由于该公司规模并不是很大(员工300余人),所以可把该公司每个职系的薪酬等级都设为2~3级,每级对应的系数可以根据实际而设定。

公司将其确定的岗位价值结果转换为:

$$薪酬值 = 薪酬基数 \times 薪酬系数$$

其中,薪酬基数确定的因素主要有企业所在的行业特征、地区生活水平、企业自身经营状况等,对近期的工资进行测算,最终确定合理的薪酬基数。

本案例中的薪酬基数经核算为600元,将众多类型的岗位薪酬归并组合成若干档次,形成几个薪档系列(例如管理职系可以分为5个档次)。通过这一步骤,就可以确定公司内每一职务具体的薪酬范围,保证员工个人薪酬的公平性。

薪酬等级的每一等级可按照"小步快跑、大步慢跑"的规则设立，即越底层升级越快、级差较小，越往高层晋升越慢、责任越大、级差越大。制定出薪级分布表，并根据"薪酬值＝薪酬基数×薪酬系数"予以赋值后，就要开始核定薪酬结构。

6. 设计薪酬结构

确定了总体薪酬，还要根据不同的激励需要设定总薪酬中具体包括哪些项目，也就是薪酬的结构。针对零售行业来说，可以做如下考虑：

（1）零售业的高管层。他们对企业的整体运营结果负责，所以，可以主要采用年薪制。其年薪收入包括基本年薪、绩效年薪、年度超额奖金以及福利等。

（2）中层管理人员和一般职能管理类员工。他们的工资可以采用月薪制，其主要薪酬项目包括基本工资、绩效工资、福利、年终奖金等。

（3）销售人员。他们的收入与销售业绩相对容易挂钩，其工资项目包括基本工资、销售提成、绩效工资、福利、年终奖金等。

（4）商品生产人员。他们的收入与产量相对容易挂钩，其工资构成包括基本工资、计件工资、绩效工资、福利、年终奖金等。

7. 核算薪酬数额

在具体的薪酬计算发放环节也有许多问题需要考虑，比如具体每个薪酬项目在整体薪酬中的比例如何设定，奖金是按月发还是按季或按年发等，不同的设计体现的激励方向和力度都不相同。

（1）高层管理人员的薪酬核定方法。让管理者的收入与公司或单店整体业绩完成情况挂钩，激励效果比较明显，同时可使公司的战略目标得以落实。为体现公平性，高层经理的薪级主要根据各部门在公司发展中承担的责任大小、各经营部门管理难度不同来确定。主要适用于管理职系的高层管理人员，包括：总经理、副总经理、店长等。

高层管理人员的薪酬采用含风险抵押机制的年薪制。年初在岗位薪酬基数和薪酬系数的基础上，确定年薪总额。

基本年薪属于高级经营管理人员薪酬的固定部分，为年薪总额的40%，按月计发。

绩效年薪属于高级经营管理人员薪酬的浮动部分,为年薪总额的60%。年终根据对高层管理人员全年实际经营业绩的考核结果计算,一次性发放。

年度超额奖金是对高层管理人员领导员工超额完成年度经营指标后所获得的超额奖励,不计入薪酬总额,年初由总经理设定,年末根据实际情况调整确定,一次性发放。

福利工资包括各类津贴、补助等。

(2)经营部门的薪酬核定方法。对于经营部门的人员,主要根据核定的薪级和绩效完成情况来核定薪酬。其意义在于避免干好干坏一个样。从另一个角度来说,公司在整体绩效不好时也可以节省人工成本。缺点是长期金钱刺激下会产生不良导向,当公司增长缓慢时,一旦拿不到高的报酬,激励效果就会下降,可能导致员工的消极情绪或离职,难以和公司共度低谷,这是需要关注的。

核定销售员(促销员可参照)的工资执行计划指标,按超额净利润的一定百分比计算销售提成,每季度一次。自己开发的新客户和公司交付的老客户,因为销售难度不同,提成的比例也会有所不同,前者要大些。新业务员头三个月为培养期,在此期间给予固定工资,不予提成。

核定收银员的工资,根据其工作时间,实行计时工资制,同时根据其工作熟练程度,即在同一时间内,相近区域内收银金额的多少以及结合服务态度行为的评价,给予一定的奖金。新员工设定一个月的培养期,在此期间给予固定工资,没有奖金。

经营部门的年度奖金,主要根据绩效工资和年度考核的结果来确定,同时也要根据公司当年度的利润增减情况来调节。它是绩效工资的一部分,一般占到绩效工资的50%~60%(注:对于销售员奖金,主要包括销售提成和绩效奖金,销售提成在其当年总的奖金中占的比重较高,绩效奖金仅占40%,而绩效奖金又分为月度绩效工资和年末绩效奖金两部分,各占50%)。

(3)职能部门薪酬核定方法。在配置薪酬时主要依据下面几个要点:利用岗位评价的结果对岗位职级划分,确定岗位薪档和薪级;根据级差进行合理调整,做出内部合理的中点薪级,使内部薪资平衡；根据外部市场价格调整，做出内外部合理的中点薪级，确定职能部门的薪级。比如核定人力资源经理的薪酬，首先根据岗位评价结果，找出人力资源经理是属于管理职系的哪一档，从而核定出该岗位的工资。

年终奖金可根据年度考核结果，并结合每月考核的结果来确定，同时也要根据公司当年度的利润增减情况来调节。职能部门的年终奖金是绩效工资的一部分，一般可占绩效工资的30%~40%。

8. 薪酬预算与控制

薪酬制度一经建立，就应严格执行，发挥其应有的功能。要通过预算等方式进行控制，在确定薪酬调整比例时，要对总体薪酬水平做出准确的预算。可以在人力资源部建好薪酬台账，借助数学和统计学进行预算。比较常用的方法是根据薪酬费用比率推算合理的薪酬费用总额，其公式为：

薪酬费用比率 = 薪酬费用总额/销售额

= (薪酬费用总额/员工人数)/(销售总额/员工人数)

案例中，该公司可以根据前三年的经营业绩，得出该公司的合理薪酬费用比率，根据公司现有人数、每人每月的平均薪酬，算出现有的薪酬费用和销售总额。薪酬预算与销售总额紧密挂钩，销售额的增减变化直接会影响薪酬预算的制定。

薪酬控制是指为确保既定方案顺利落实而采取的种种措施。常用的方法主要包括控制员工人数、通过薪酬总数、最高薪酬、最低薪酬和薪酬结构进行薪酬控制等。

在薪酬预算和控制的过程中，还有必要和员工进行及时的沟通和有效的宣传，尽量让员工满意。

综上所述，员工的忠诚度与薪酬的关系非常密切，但要注意员工还需要工作的成就感，二者同时发生作用，才能够吸引和留住公司真正所需的员工。零售行业正逐步成为的我国的支柱产业之一，其薪酬设计必须具有前瞻性，同时树立"创造价值与报酬等同"的思想，公司才会可持续发展，薪酬体制才能真正成为公司发展的有力保障。

管理心得 >>

　　人力资源的开发和管理,在现代企业管理的背景下,越发显得重要和突出。薪酬管理作为人力资源系统中的关键环节,往往被人为地忽略,或者由于操作者的不够专业,致使薪酬系统零散而杂乱,导致薪酬本身强大的调节功能无法有效地发挥其应有的激励作用,甚至将正常的管理导入混乱的泥沼之中,正是"薪酬,心愁,白了少年头"!

　　国内外知名企业的发展一再表明,良好的企业和良好的薪酬体系是分不开的,健全的薪酬体系是吸引、激励、发展与留住人才的最有力的工具。当然,薪酬管理绝不是简单地"分蛋糕",而是通过分蛋糕使店铺今后的蛋糕做得更大。因此,如何建立起科学的薪酬体系,如何发挥薪酬的最佳激励效果,是肩负重任的薪酬管理人员不断探索的目标与面临的巨大挑战。

　　一般说来,在进行薪酬体系设计时,赫茨伯格的"双因素理论"都值得参考:一方面要注意其保健作用,另一方面更应该强调其激励作用。因此,一个优秀而合理的薪酬方案至少应该遵循以下原则:公平性原则、遵守法律原则、效率优先原则、激励限度原则、适应需求原则。此外,薪酬管理必须与店铺的战略态势相适应,必须与店铺的经营战略具有高度的相容性,必须随着时代的发展而变革。

第七章

林冲的"动力秘籍"

人才不是笨狗熊，不是只会懒洋洋地躺在路边晒太阳的波斯猫，人才是只虎，天生就有要在旷野山林里成就一番事业的雄心，每个人才都有自我激励的本能，他们都希望能够自主，希望自己的能力得以施展，希望得到认可，希望自己的工作富有意义。

1. 精神危机

话说经过吴用的多次提点，宋江终于明白了员工们对加薪不满意的原因之所在。于是，就按吴用所确立的原则，草拟了一个薪酬方案，先向员工们征求意见，然后再根据员工的意见一步一步地完善，最终出台了一个令大部分员工满意的方案。

新的薪酬方案出台之后，员工们欢欣鼓舞，士气大震，做起事来更加干劲十足，"忠义堂"也成了与京师高俅、北方大辽、淮西王庆、河北田虎等并列的品牌，声势一时威震大江南北，即便是在江南一直目空一切的方腊，也不得不对宋江另眼相看。

随着时间的推移，"忠义堂"的经营规模也不断扩大，员工们每天都有处理不完的问题，干不完的工作，各种不绝于耳的抱怨，还有许多让人伤心或担心的事：外部环境很好，店铺的经营目标却没有实现，每年支付给员工的报酬不断提高，但员工还一直埋怨分配不公。令宋江和吴用措手不及的是，在店铺缺人之际，李俊、童威、童猛等人却突然提出辞职，跳槽到一家日资企业去了。

更令宋江感到不爽的是，自己整天手忙脚乱，恨不得连吃饭、睡觉的时间都用于工作，但"忠义堂"各个店铺却是另外一番景象：员工无精打采，毫无激情，聊天、打瞌睡，一副悠闲景象，不知道的还以为这是度假酒店呢！

针对员工目前精神萎靡的问题，饶是宋江使出浑身解数——加工资、加奖金、加福利，但店铺效率还是没有多大提高，员工们依旧没精打采，整个店铺就像一台生锈的机器，运转起来特别费劲，宋江看着直摇头。

宋江百思不得其解：这些员工究竟怎么了？毫无生气可言！创业

时的那股激情哪里去了呢？遥想当初，条件那么艰苦，待遇那么微薄，但大家个个都精神抖擞，干劲十足，争先恐后为店铺创效益。如今，店铺规模扩大了，工作条件优越了，待遇福利提高了，怎么大家的积极性反而下降了呢？

此时，吴用正在国外进修，远水救不了近火，宋江急得像热锅上的蚂蚁。

关键时刻，一向埋头工作的林冲勇敢地站了出来。

为了帮宋江分析问题之所在，林冲决定首先给他讲两个故事：

掌声和鸭子的一条腿

某城市有个著名的厨师，他的拿手好菜是烤鸭，深受顾客的喜爱。不过，他的老板从来没有给予过他任何鼓励，使得厨师整天闷闷不乐。

有一天，老板有客从远方来，在家设宴招待贵宾，点了数道菜，其中一道是老板最喜爱吃的烤鸭。厨师奉命行事，然而，当老板挟了一条鸭腿给客人时，却找不到另一条鸭腿，他便问身后的厨师说：

"另一条腿到哪里去了？"

厨师说："老板，咱们这儿的鸭子都只有一条腿！"老板感到诧异，但碍于客人在场，不便问个究竟。

饭后，老板便跟着厨师到鸭笼去察看。

时值夜晚，鸭子正在睡觉，每只鸭子都只露出一条腿。

厨师指着鸭子说："老板，你看，咱们这儿的鸭子不全都是只有一条腿吗?"

老板听后,马上拍掌,鸭子当场被惊醒,都站了起来,露出两条腿。

老板说:"鸭子不全是两条腿吗?"

厨师说:"对! 对! 不过,只有鼓掌拍手,才会有两条腿呀!"

猎狗和兔子的故事

一条猎狗追赶一只兔子,追了很久仍没有捉到。羊看到此种情景,讥笑猎狗说:"你们两个,小的反而跑得快得多。"

猎狗回答说:"你不知道我们两个的跑是完全不同的! 我仅仅为了一顿饭而跑,它却是为了性命而跑呀!"

这话被猎人听到了,猎人想:"猎狗说的对啊,那我要想得到更多的猎物,得想个好法子。"

于是,猎人又买来几条猎狗,凡是能够在打猎中捉到兔子的,就可以得到几根骨头,捉不到的就没有饭吃。

这一招果然有用,猎狗们纷纷去努力追兔子,因为谁都不愿意看着别的狗有骨头吃,自己没得吃。

就这样过了一段时间,问题又出现了。大兔子非常难捉到,小兔子好捉。但捉到大兔子得到的奖赏和捉到小兔子得到的骨头差不多,猎狗们善于观察,发现了这个问题,专门去捉小兔子。

猎人对猎狗说:"最近你们捉的兔子越来越小了,为什么?"

猎狗们说:"反正没有什么大的区别,为什么费那么大的劲去捉那些大的呢?"

猎人经过思考后,决定不将分得骨头的数量与是否捉到兔子挂钩,而是采用每过一段时间,就统计一次猎狗捉到兔子的总重量。按照重量来评价猎狗,决定一段时间内的待遇。

于是猎狗们捉到兔子的数量和重量都增加了,猎人很开心。

但是过了一段时间,猎人发现,猎狗们捉兔子的数量又少了,而且越有经验的猎狗,捉兔子的数量下降的就越厉害。

于是猎人又去问猎狗。

猎狗说:"我们把最好的时间都奉献给了您,主人,但是我们随着时间的推移会衰老,当我们捉不到兔子的时候,您还会给我们骨头吃吗?"

猎人做了论功行赏的决定。分析与汇总了所有猎狗捉到兔子的数量与重量,规定如果捉到的兔子超过了一定的数量后,即使捉不到兔子,每顿饭也可以得到一定数量的骨头。

猎狗们都很高兴,大家都努力去达到猎人规定的数量。

一段时间过后,终于有一些猎狗达到了猎人规定的数量。

这时,其中有一只猎狗说:"我们这么努力,只得到几根骨头,而我们捉的猎物远远超过了这几根骨头。我们为什么不能给自己捉兔子呢?"

于是,有些猎狗离开了猎人,自己捉兔子去了。

猎人意识到猎狗正在流失,并且那些流失的猎狗像野狗一般和自己的猎狗抢兔子。情况变得越来越糟,猎人不得已引诱了一条野狗,问他到底野狗比猎狗强在那里。

野狗说:"猎狗吃的是骨头,吐出来的是肉啊!"接着又道:"也不是所有的野狗都顿顿有肉吃,大部分最后骨头都没的舔!不然也不至于被你诱惑。"

于是猎人进行了改革,使得每条猎狗除基本骨头外,可获得其所猎兔肉总量的 $n\%$,而且随着服务时间加长,贡献变大,该比例还可递增,并有权分享猎人总兔肉的 $m\%$ 。就这样,猎狗们与猎人一起努力,将野狗们逼得叫苦连天,纷纷强烈要求重归猎狗队伍。

2. 员工需要掌声

在林冲眼里看来,无论是第一个故事还是第二个故事,都在强调同一个非常重要的东西:激励!当有了掌声,鸭子才会有两条腿;当有了完善的激励机制,猎狗才能有捕捉猎物的动力!同样,作为一个店铺的管理者,一方面要善于在公众场所适时地表扬表现比较好的员工,激励他们继续奋斗;另外一个方面,还需要与时俱进,不断完善各种员工激励措施,令员工感到自己的工作是受到肯定的,进而永远保持昂扬的斗志!

那么,员工为什么需要被激励呢?从心理学来看,人除了有满足生存的基本需求外,还会有超越别人追求成功的欲望、受到他人肯定的欲望、追求影响力的欲望以及实现自我理想的欲望。

员工也是人,拥有人的基本自然属性,所以同样也需要不断获得各种各样的激励。所谓员工激励,其实就是说店铺管理者在对员工进行管理过程中,采用激励的理论和方法,对员工的各种需要予以不同程度的满足或限制,以此引起他们心理状况的变化,达到激发动机、引起行为的目的。企业进行员工激励的目的,是要激发员工的内在动机,调动员工的积极性和创造性,充分发挥员工的智力效应,为企业的有效生存和发展作出贡献。

唐伯虎是江南某服装卖场的店长,在他的店里,有一位漂亮的女导购叫秋香,人虽长得不错,但工作中却老板着一张脸,从来都很吝啬自己的笑容。可想而知她业绩也不会好到哪儿去。

一天早晨,秋香刚上班,走进店门,正好被唐伯虎看见了,便对她说:"今天你穿的这身衣服真漂亮,对于顾客来说是最好的招牌。"

这话出自唐伯虎口中,简直让秋香受宠若惊。

唐伯虎接着说:"不过,我觉得你如果笑起来的话会更好看。"

结果从那天起,秋香的笑容渐渐多了起来,逐渐地,销售业绩也不断提高,成为一名出色的导购。

很多时候,来自上司的批评,往往最容易打击员工的志气;而赞扬和鼓励却是工作的原动力,促使人将自身能力发展到极限。对于有激情、能创新的员工,管理者除了不惜言辞给予赞扬和鼓励外,更重要的是建立良好的机制鼓励他们。管理者应该看到:员工的激情是店铺最好的资源,不但要善于应用,更应该将其置于良好的机制当中,使其生生不息、源源不断。

由于工作出色受到表扬,下属们便能意识到老板时刻在关注着自己的工作,心里自然而然就会有被承认的满足感和被重视的激励感,进而保持高昂的工作热情和责任心,认识到整个店铺的行为方针。不仅如此,赞扬还能够清除下属对领导的疑虑与隔阂,拉近他们的关系,令店铺内部更加团结。

从某种程度上讲,激励机制运用的好坏在一定程度上是决定店铺兴衰的一个重要因素,也是一名导购能否最大限度地发挥自身潜力的关键因素。美国著名作家马克·吐温曾说过:"得到一次赞扬,我可以多活两个月。"

由此可见,公开表扬是店长用来激励员工,提高他们积极性的最强有力的方法。许许多多的研究都表明,最能激发导购全力以赴、高水平发挥的就是给予他们赞扬与肯定。除应得的薪水之外,导购更需要感到他们在工作中作出了一份贡献,他们的努力有成果并应得到管理者和同事们赏识。

当前,随着店铺结构日益精练,店长往往要承受来自上上下下的各方面压力。很多店长称,由于工作太忙,他们根本无暇与员工交谈。其实,不要小看交流,一旦没有交流,他们就失去了本可从同事中获得的宝贵反馈。一声真诚的感谢,既表达了店长对同事某种行为或价值的欣赏,如坦诚、正直等,也能大大鼓舞同事继续表现出所被看重的行为,并使这种行为渐渐成为良好的习惯。

遗憾的是,在林冲看来,娴熟的员工激励恰恰又是宋江的弱项——从来不轻易表扬自己的员工,即便他们做得很好的时候;从不轻易表露自己对员工的关爱,总是认为一切已经在福利待遇里表明得很清楚,无需再言语表达。

"马蝇效应"告诉我们,再懒惰的马,只要身上有马蝇叮咬,它也会精神抖擞,飞快地奔跑。因此,要想店铺更上一层楼,除了与决策正确、组织管理得法之外,激励员工,提升士气与斗志也相当重要。

3. 从沙僧"辞职门"说起

"宋老板,最近是否上网了呢?唐氏咨询公司的沙僧'辞职门'可是闹得轰轰烈烈啊!"林冲说。

"噢,这哪里还是新闻啊?上次吴用已经对我讲过一次,前段时间我去参加一个会议,恰巧唐僧也参加,当时我们还聊了会儿,没见他提这事啊!"宋江不信。

"宋老板,吴用说的是第一次辞职,这次可是第二次了,而且动静来得比第一次猛得多!"

"哦,究竟怎么回事呢?"宋江急忙问。

看到宋江确实不了解情况,于是林冲开始把沙僧"辞职门"的来龙去脉一五一十地告诉了宋江。

上周一,唐氏咨询公司董事长唐僧准时来到公司,习惯性地打开电脑,先到到网上浏览一下当天的新闻。

当唐僧津津有味地看完新闻,随便灌水拍砖之后,打开邮箱。没想到,只一晚上的时间,里面已经塞满了的邮件。有一封邮件却是沙僧发过来的。

唐僧打开沙僧的信,不禁大吃一惊。

原来,早先在流沙河的时候,沙僧认识了一个朋友,是千年的鲤鱼精,两人没事的时候总在一起喝酒吃饭,交情甚是不错。沙僧随唐僧西天取经后,鲤鱼精就一直在流沙河过清闲日子。等到沙僧取经回来,被封为"金身罗汉",工资逾万元,眼见着房子、汽车什么的该有的都有了,鲤鱼精看着眼红,也琢磨着做点儿什么。最近几年水产、海鲜特别走俏,开海鲜店的都发了大财,于是他向沙僧借些钱,也开了一家海鲜店。鲤鱼精本就是老鱼成精,对各种河鲜海料十分在行,生意一开张就红火起来。之后连着开了数家分店。不仅很快还清了沙僧的借款,而且自己的资产也很快暴涨到千万左右。

一天,鲤鱼精又与沙僧一起喝酒,谈到这些年的交情。

鲤鱼精说:"沙大哥,我们交往这么多年,当年在流沙河的时候你就一直拿我当亲弟弟看待;做生意的时候又是你借给我本钱,这些我都记着。当初我没本事的时候不能够报答,现在兄弟我有钱了,又怎么能够忘了你?"

于是,鲤鱼精诚心邀请沙僧一起来经营饭店,并允诺分给他30%的股份。

当时沙僧只是笑了笑,没有当回事。可是,晚上到回到家里,却翻来覆去地睡不着了。

回想起这十几年来的经历,取经途中记不清自己吃了多少的苦。现在虽然取经成功,总算熬成了个干部,跟一般的工薪阶层的相比还算是不错,可是跟大款相比,相差就太远了。工资不高也就算了,更可气的是,这些年来含辛茹苦,忍气吞声,却没有得到任何的重视。取经途中师父、师兄们就没把自己当回事儿。几天前,悟空和八戒为争一个出国名额争吵起来,师父安抚他们半天,却压根都没考虑到自己。

沙僧越想越生气,一股火冲上来,心想:还在这混什么?半夜爬起来,连夜写了一份辞呈,当晚就用电子邮件发出去了。

再说唐僧见到沙僧的辞呈,非常惊讶,心想这老蔫儿平时怎么拨拉都不出一个响声,没想到"不鸣则已,一鸣惊人",说辞职就辞职了。

唐僧心里非常清楚,沙僧为人忠厚老实,不是能够打打杀杀的将才,但自己咨询公司里的大大小小的后勤、财务工作都是他在一直负责,离了他又怎么能行?便急忙把沙僧召到自己的办公室,问:"悟净,怎么突然想起辞职来了?"

沙僧一听眼圈红了,憋了半天,才把朋友要他入股的事情说了。

唐僧一愣:"悟净,海鲜店虽然也有些赚头,但到底也只是个小生意,又怎么比得上我们这个御用的咨询公司?你看这几年生意越来越好,单子越做越大,钱赚得多了,难道师父还会亏了你不成?是不是嫌工资低,要加薪?"

沙僧一听满脸通红,反问:"师父,取经路上我追随你多年,吃了那么多的苦,难道是为了钱吗?"

唐僧点点头:"那是为了什么?"

沙僧又不语了。

送走了沙僧,唐僧沉思了半晌:悟净多年来追随自己,任劳任怨,现在这公司的日子也越来越好,怎么突然就想着辞职了?想来想去,终于明白了一些。

次日,唐僧再次找到沙僧。

唐僧:"一定是为师我做错什么事,让你不高兴?"

沙和尚被猜中了心事,禁不住眼圈又泛了红。

唐僧心里明白了大半,意味深长地说:"悟净,我知道你为人忠厚老实,不像悟空那样干练,也不像八戒那样精明,可是你做的事情为师我都心里有数。这些年来你我师徒二人风风雨雨,你为我吃了很多

苦,如果是因为我忽视了你而让你感到难过,请你接受我的道歉……"

当天,师徒二人推心置腹聊了许久,沙和尚感到了极大的心理满足。末了,他含泪收回辞呈,明确表态:海鲜店不去了,一定跟唐僧把公司干到底。唐僧这才长长地吐了一口气。

送走了沙僧,唐僧坐在椅子上沉思了许久,心里暗暗地懊恼,心想沙僧不图名利,只图自己对他尊重和重视一些,自己却始终没有意识到这一点。如果不是今天见机行事,就把这样一个好的下属给放走了。真的是不应该,看来真的该反省一下自己了。

4. "动力秘籍"

"是啊,唐僧确实该反省一下自己!"宋江叹道。

"唐僧需要反省,那么,我们是不是也应该反省一下自己呢?"林冲问道。

"哦……我……"宋江一愣。

"沙僧的'辞职门'至少告诉我们这么一个道理:在企业管理中,管理者需要找到自己员工当前关注的重点是什么,进行恰当的激励。如果是需要金钱,就不要只给一些空头支票;如果是希望受到关心与尊重,就要把金钱放在次要的位置。金钱作为一种激励因素永远不能忽视,无论采取工资、奖金,还是福利、保险金等,多一些的金钱对下属来说总是一件好事。但是,人们并不总是在为了金钱而工作,清楚地意识到这一点对于管理者来说至关重要。否则的话,我们就有可能犯唐僧这样的错误:当下属需要关心、沟通、尊重与理解时,你还在误以为只有金钱才能够满足他的心理需求——结果可想而知,激励不会达到预期的目的!"

"是啊。现在看来,这些年我也经常犯和唐僧一样的错误,才导致了那么多优秀的员工离我而去……"

"宋老板,您能意识到这点非常重要,现在亡羊补牢也并不晚啊!"

"哦,你说该如何补呢?"宋江问。

林冲显然是有备而来,立刻从公文包里拿出一沓文件,抽出其中的几页,递给宋江。

激励店铺员工动力的八大秘技

秘技一:绩效激励。年初定义员工工作绩效目标、度量标准、预期价值,增强其工作动机,平时提供资源,减少障碍,年终进行评估。一个振奋人心、切实可行的目标可以鼓舞士气,激励员工去努力拼搏;一个期望值低(可望而不可及)的目标,只会适得其反。人只有了解自己努力达到的目标是什么,并且真正愿意实现它,才有可能受到激励。

秘技二:薪酬激励。在任何时代,薪酬激励都是店铺人力资源管理的重要组成部分,对提高店铺的竞争力有着不容忽视的作用。员工所得到的薪酬既是对其过去工作努力的肯定和补偿,也是他们未来以努力工作得到报酬的预期,激励其努力工作。在员工心目中,薪酬不仅仅是自己的劳动所得,它在一定程度上代表着员工自身的价值、代表店铺对自己工作的认同,甚至还代表了员工个人能力、品行和发展前景。薪酬激励不单单是金钱激励,实质上已成为企业激励机制中一种复杂的激励方式,隐含着成就激励、地位激励等。因此,薪酬激励能够从多角度激发员工强烈的工作欲望,成为员工全身心投入工作的主要动力之一。

秘技三:因人设岗。基于能者多劳也多得的人力资源高效配置观点,将合适的人放到合适的位置,既可以实现人力资源利用的最大化,提高人力资源效率,也利于充分发挥员工能力,实现工作内容丰富化、工作范围扩大化的激励效应,利于人力资源的积累与发展。一般说来,"因人设岗"并非在没有工作内容的情况下人为照顾所设计的空闲岗位,而是必须以"因事设岗"为前提,同时在布置任务时尽量让某个部门或人担任整个任务,并给予充分信任和授权。这样可以提高效率,增强工作动机,还可以通过内部跳槽制度,实行岗位轮换,丰富工作内容,防止职业疲劳和怠惰,也有利于培养综合型人才。当然,在此过程中要注意任人唯贤,用对一人,鼓舞一片;用错一人,冷落一片。

秘技四:目标激励。保险业泰斗班费德文曾说过:"我们都需要目标和期限。伟大的目标激励我们,让我们变得兴奋;可是有了期限,我们会跑得更快!"所谓目标激励,就是把团队的大、中、小和远、中、近的目标相结合,使每个团队成员时刻把自己的行为与这些目标紧紧结合在一起。让全体员工共同参与和提议,全方位建立完善企业共同愿景,并在建立共同愿景的过程中找到自身发展的坐标,从而实现企业大我与员工小我的统一。

秘技五:末位淘汰。根据活力曲线原理,一个组织总有20%的人是优秀的,70%的人是基本称职的,10%的人是应该淘汰的。末位淘汰可以使员工明白店铺不是养人的地方,可以有效地在每年裁掉一些能力差、责任心不强的人员,还可以避免因裁员而引起与员工的矛盾,因为这是制度裁人,而且早已有言在先。为了不被裁掉,员工们自然会暗暗努力,想方设法提高自己的能力和工作质量,最差的人努力了,中间那部分人就会有压力,行动起来,中间的人行动了,最前面的人也会有触动,他们也不能坐以待毙,如此一来,整个店铺都会活起来。

秘技六:奖励激励。除每年底的表彰外,不定期地开展一事一奖,这样保证奖励的及时性、针对性和多样性。根据事情大小,经自我申报、部门审核、总经理审批等程序,设鼓励、记功、记大功、嘉奖、特别嘉奖等,并给予相应物质奖励。具体奖励名称可以多样化,如销售特别奖、培养人才奖、管理成果奖,最好能巧立名目,保证奖励的新颖性,奖励方法也要不断创新,可以制作奖励菜单,让受奖者自己点菜,奖励时间也不要固定。当然,奖励不宜过频,否则刺激作用也会减弱。

秘技七:知识员工激励。知识员工激励的四个主要因素为:职业发展与个体成长、工作独立自主性、工作成就和利润分享。员工希望以自己认为有效的方式开展工作,店铺应提供施展才华的舞台,提供宽松的工作环境,同时善于倾听他们的心声,一般应以长期激励为主。

秘技八:参与激励。创造各种机会与员工沟通,让员工发表意见,增进了解,让员工感受到关怀。平时注意情绪调节,学习和运用一些心理暗示技巧来影响员工。如果管理者情绪低落,你的手下也将受到

满活力。要善于支持创造性建议,充分挖掘员工聪明才智,使大家都
想事、想干事、勇于创新;放手让其大胆工作,尤其是,不要轻易否定员
工的建议,一旦受到否定,员工可能再也不敢提意见了,而且积极性也
会受到打击。

看完林冲的"动力秘籍",宋江一下子豁然开朗,不住地点头表示
认可。

林冲趁机进一步进言:"其实,每一个人内心都怀着一个梦想,也
都希望梦想能够变成现实,得到他人的肯定。因此,在每一个人的身
上,都闪烁着奋斗的火花,等待我们用心去发现它,使之燃起冲天火
焰。当然,法无定法,任何一种激励手法,都各有其优点和不足。因
此,应该根据实际情况,尝试结合几种激励方式,多管齐下,共同使用,
让激励发挥最大的效果!"

5. 员工激励的原则

说到这,林冲隐隐觉得好像还少了点什么。

思索了半天,林冲总算找出问题之所在——员工激励还需要正确
把握一定的原则!于是,他进一步向宋江阐明:"员工激励的一个基本
前提是承认员工是店铺价值的主要创造者,因此,首先应该肯定员工
及其工作的价值。每个人都有一定的能力,只是能力表现的形式不同
罢了。因此,重视员工,发现员工的能力,合理地使用员工,使其充分
发挥才能,对员工来说本身就是一种有效的激励。当然,在具体的管
理实践中,每一个店铺由于实际情况不同,所采取的激励政策和措施
也不一样。很多时候,激励也存在很大的风险性,如果它不给店铺带

来正面的影响,就很有可能给店铺带来负面的影响。因此,在制定和实施激励政策时,要坚持必要的原则,否则将适得其反!"

"哦,能不能具体一点呢?"宋江急忙问。

于是,林冲再次打开公文包,从里面拿出一篇文章,递给宋江。

宋江一看,标题是"员工激励的四大原则"!

按照林冲的看法,在实施员工激励时,必须坚持以下四大原则:

首先,激励要因人而异。古希腊哲人曾说过:世界上没有两片完全相同的树叶。同样,世界上也不可能存在两个相同的员工!而不同的员工,则有不同的需求,因此相同的激励措施起到的效果也不尽相同。即便是同一个员工,在不同的时间或环境下,也会有不同的需求。就拿"忠义堂"员工来说吧,有的压根就是冲着宋江而来,如李逵、武松、张青等人,只要能跟宋江一起打天下,其他东西他们不会考虑太多;有的是为了取经而来,回去自己自理门户,如樊端、项充、李衮等人,以相对于待遇,他们更加注重学习环境;有的仅仅把"忠义堂"当作一个跳板,一旦时机成熟,他们就会毫不犹豫地往"高处走",如王英、乐和等,因此他们更看重自身提高的水平;有的把"忠义堂"当作自己人生理想的一部分,甚至自己的血液里都流着"忠义堂"的基因,如阮氏三雄等,因此他们更期望能获得店铺的承认,得到归宿感和安全感!

因此,店铺的员工激励要因人而异,在制定和实施激励政策时,首先要弄清楚每个员工真正需要的是什么,将这些需要整理、归类,然后据此来制定相应的激励政策,帮助员工满足需求。有一次,拿破仑外出打猎的时候,看到一个落水男孩,一边拼命挣扎,一边高呼救命。这河面并不宽,拿破仑当时不但没有跳水救人,反而端起猎枪,对准落水者,大声喊道:"小子,你若不自己爬上来,我就把你打死在水中!"那男孩见求救无用,反而增添了一层危险,便拼命地奋力自救,终于游上岸。

同样,任何一个店铺,员工的素质不可能都是一样的,有的员工心理素质高一些,有的员工心理素质差一些;有的员工性格开朗活泼一些,有的员工性格内向一些;有的员工自律性强一些,有的员工自律性弱一些。因此,要激励这些不同的员工,就需要采取不同的办法。比如,对于那些自觉性比较差的员工,只是为他创造良好的软环境、帮助他,并不一定能让他感受到"萝卜"的重要,有时还离不开"大棒"的威胁。偶尔利用你的权威对他们进行威胁,会及时制止他们消极散漫的心态,激发他们发挥出自身的潜力。自觉性强的员工也有满足、停滞、消沉的时候,也有依赖性,因此,适当的批评和惩罚能够帮助他认清自我,重新激发新的工作斗志。

其次,奖惩要适度。古人云:过犹不及。意思是说,无论做什么事情,做过头了其实都和做不到位一样,都是不好的。同样,在一个店铺里,奖励和惩罚不适度都会影响激励效果,同时会增加激励成本。一般说来,奖励过重会使员工产生骄傲和满足的情绪,失去进一步提高自己的欲望,"忠义堂"的李逵就已经多次发生这方面的毛病,一被表扬就飘飘然起来;相反,奖励过轻则容易起不到预期的激励效果,甚至还有可能让员工产生不被重视的感觉,据说,李俊等人之所以离开时,一个非常重要的原因就是觉得自己在"忠义堂"得不到足够的重视;惩罚过重会让员工感到不公平,或者失去对公司的认同,甚至产生怠工或破坏的情绪,史进、穆弘就觉得上次店铺处罚他们有点儿过重,而惹祸更大的李逵反而处理得轻,所以心里难免不嘀咕;惩罚过轻会让员工轻视错误的严重性,从而可能还会犯同样的错误,李逵同样也是这方面的典型,经常好了伤疤忘了疼。

再次,一碗水要端平。在任何一个店铺,公平性都是员工管理的一个重要原则。很多时候,任何让员工感到不公的行为,都会影响到他们的工作效率和工作情绪,并且影响激励效果。因此,在同一个店铺里,取得同等成绩的员工,一定要获得同等层次的奖励;同理,犯同等错误的员工,也应受到同等层次的处罚。如果做不到这一点,管理者宁可不奖励或者不处罚。在现实生活中,有一些管理者愿做"老好人",幻想皆大欢喜,追求成果分享的平均主义,这是一种实质上的不公平,得不到很好的激励效果,而且可能产生副作用,打击优秀员工的积极性。因此,管理者在处理员工问题时,一定要有一种公平的心态,不应有任何的偏见和喜好——虽然某些员工可能让你喜欢,有些你不太喜欢,但在工作中,一定要一视同仁,不能有任何不公的言语和行为。

最后,坚持正确的激励导向。导向问题是一个根本性问题,一旦方向走错,后果将不堪设想,因此,激励的方向很重要。一般说来,什么事被奖励什么事就被发展,希望什么就奖励什么,不希望什么就惩罚什么。这个问题看起来很简单,但在具体实施激励时往往被管理者所忽略。任何一个店铺,都应该奖励和避免奖励以下几个方面的工作行为:奖励彻底解决问题,而不是只图眼前利益的行动;奖励承担责任而不是回避责任的行为;奖励善用创造力而不是愚蠢的盲从行为;奖励果断的行动而不是光说不练的行为;奖励多动脑筋而不是一味苦干;奖励使事情简化而不是使事情不必要的复杂化;奖励沉默而有效率的人而不是喋喋不休者;奖励有质量的工作而不是匆忙草率的工作;奖励忠诚者而不是跳槽者;奖励团结合作而不是互相对抗。

6. "忠义堂" 的激励革命

在林冲的一再引导之下,宋江已经真正意识到目前"忠义堂"员工精神萎靡原因之所在,同时也基本掌握了员工激励的相关理论和原则,决定立刻采取措施,激励员工的工作热情!

在宋江看来,目前"忠义堂"从上到下都士气低迷,三个不同层次的员工——高层管理人员(主要是108将排名前10位的人员)、中层管理人员(主要是108将排名11~36位的人员)以及基层员工(主要是108将排名37~108位的人员)普遍缺乏动力,都有不同的期望,因此都需要不同的激励!

高级管理人员是"忠义堂"的主心骨,其核心地位不可动摇。对这帮人来说,获得高薪已经不是他们的追求之所在,事业成功以及获得社会的认可才是他们的真正动力之所在。因此,宋江决定对店铺的所有权结构进行改革,让这些高级管理人员拥有一定的"忠义堂"一定的股份,从而成为一家股份制企业,进一步凝聚众人的智慧。

中层管理人员是忠义堂的"中坚力量",他们还有足够的晋升空间,他们渴望进一步提升,所以他们往往会以最积极的心态应对挑战,抓住机会展示和磨炼自己的才能。任何一个店铺,实行激励机制的最根本的目的是正确地诱导员工的工作动机,使他们在实现组织目标的同时实现自身的需求,增加其满意度,从而使他们的积极性和创造性继续保持和发扬下去。

有一句话说得好,有什么样的环境便有什么样的员工,整顿环境就是改变员工的工作环境,其中一个重要方面就是给员工一个"想干"的位置。激励员工的干劲不一定要多少钱,关键在于让员工觉得工作有意义。因此,宋江决定尽量把中层员工放在他们所适合的位置上,并在可能的条件下轮换工作以增加员工的新奇感,从而赋予工作更大的挑战性,培养员工对工作的热情和积极性。

基层员工是"忠义堂"的一线队员,他们的精神状态、工作热情对店铺业绩有着最直接的影响,同时他们也是店铺中最没安全感的一个群体,流动性也最大。对他们而言,无论走到哪里,最缺少的就是归宿感和安全感。

例如,目前"忠义堂"的一些导购,冒出了一点懒散成性、意志消沉的苗头,其实,他们未必是真正的懒惰,而是看不到工作的意义与自己有什么切身关系,觉得自己的能力被埋没,得不到应有的发挥,看不到继续工作下去的希望在哪里。

对于这些基层员工,宋江除了向他们提供有竞争力的福利待遇,还让所有部门负责人都有一种使命感,把员工当作自己的亲人,把关心员工当作自己的职责,自下而上在店铺形成一种互相关心、互相照顾的良好氛围,让员工感到家一般的温暖。例如,每到父亲节、母亲节等节日,宋江都会写一封信寄给员工的父母,以表示感谢,并要求员工本人也要写一封信寄给父母;当在某个城市出差时,宋江一定记得专门宴请老家在该城市的员工的父母;吃饭的时候,和员工们一起分享一些好的文章、心理测试、游戏;员工生病时传递自己的关心,员工结婚使送上自己的祝福,员工想不开的时候帮他们开导。诸多一点一滴的努力,无不令员工们大受感动,很多人正是因此而决定死心塌地地跟宋江一起打天下!

资料链接 >> 世界名企谈员工激励之道

想企业更上一层楼，又或者来个彻底振兴，除了与决策正确、组织管理得法外，激励员工提升士气与斗志也相当重要。士气如虹则战无不胜，本文特别摘取了世界顶级 CEO 们对员工的激励秘诀。

1. 柳传志（前联想集团董事长）：确定不同的激励层次

我们面临的难题是如何调动 3 个截然不同的群体的积极性：经理班子成员、中层管理人员以及流水线上的雇员。我们对每个群体有不同的期望，他们也各自需要不同的激励方式。

我们的经理班子需要有一种主人翁意识。中国的许多国有企业面临一个特殊的难题：它们无法给高级管理人员分配股份。我们采取了一种不同寻常的方式：我们改革了所有权结构，使联想成为一家合资企业，这样就可以给所有的经理班子成员分配股份。另外，高级经理需要得到承认，所以我们为他们提供对媒体讲话的机会。一直到今天，我们没有一位高级经理跳槽到别的公司。

中层管理人员希望升职，成为高级经理，所以他们往往会最积极地应对挑战，抓住机会展示和磨炼自己的才能。我们给中层管理人员确立了很高的标准，并允许他们自己作出决策并予以执行。如果他们工作出色，就会得到非常好的回报。

流水线上的工人需要稳定感。如果他们工作认真勤勉，就可以得到提前制定的奖金。我们还把小组的工作成绩与公司或部门挂钩，把个人的工作成绩与小组挂钩。例如，我们有时会让小组来决定如何分配全组得到的奖金，公司只提供总的指导方针。

2. 汉克·麦全内尔（辉瑞公司董事长兼 CEO）：加快速度克服困难

在迅速朝一个目标迈进，尤其是当这个过程充满艰辛的时候，往往可以调动人们的积极性。知道公司正致力于迅速的决定性行动，这可以鼓励创造性思维和协调一致的行动。

2000 年，在辉瑞与华纳制药公司合并的过程中，我们深切体会到这一点。我们虽然成功地收购了华纳，但我们得到的是一家因并购战而士气大跌的公司。在第一次召开过渡小组会议时，我强调必须迅速建立新的公司，尤其是必须在我们最大的竞争对手解决其并购问题之前。这是一项雄心勃勃的计划：在两家公司同意合并仅 5 个月的时候，寻找最好的做法将辉瑞与华纳融合起来，并准备作为一个浑然一体的公司来运作。

时间非常紧。我们取得一致意见的惯常程序这个时候是不管用的。所以我们允许相关人员迅速行动起来，并允许他们犯错误——只要他们的行动符合我们的基本原则：保持公司的完整性、尊重他人等。

对速度的重视使大家抛开怨恨和势力范围之争。仅以美国的销售班子为例，两家公司的销售人员提出了 200 多条改进业务和政策的建议，几乎每一条都被采纳。最终，由两家公司的优秀人才组成的几百个过渡小组形成了一个浑然一体的新辉瑞，在签订最后的文件几个小时后便完全正常运转。

3. 罗斯·皮拉里（BP 石油公司副总经理）：鼓励承担风险

帮助别人去尝试他自己认为有风险的事情是最困难的。20 世纪 90年代初，当时，我正掌管 BP 公司的美国零售业务。公司的 CEO 洛德·

布朗要求我去管理 BP 研究与工程公司,使它更具商业性。布朗认为我是合适的人选,但我认为这个想法很糟糕。我是个商人,不是科学家;在我看来,我不具备领导一群数学家和地质学家所需要的能力。我为什么要接受一份几乎不可能成功的工作,拿自己的职业生涯去冒险呢?

布朗没有试图劝我。他让我开诚布公地谈谈这份工作对我个人和公司有什么风险。他还明确表示,不会让我个人承担所有风险。结果我接受了新的职位,我们成功地将这个研究性机构变成了更具商业头脑的公司。对我个人而言,这或许是我职业生涯最有开拓性的一份工作。

这次经历告诉我,你不可能也不希望消除一切风险,但你可以帮助他人进入一个他略感不适的领域,取得非凡的成绩。最好的办法就是公开坦诚地讨论成功的可能性,明确职责与责任,将风险分散到整个团队和公司,并且不管结果如何,都要充满信心地给予支持。

4. 赫布鲍姆(戴尔公司董事长兼 CEO):关心小人物

处于公司最上层、挣钱最多的人往往会忘记底层的人生活多么艰难。如果领导者能使处于底层的员工感觉到他对自己的关心,整个公司都会受到鼓舞。

我第一次担任 CEO 是在总部设在宾夕法尼亚州小城石油城的魁克州立公司。在这座小城里,公司的员工过着很节俭的生活,挣的每一个美元对他们来说都很重要。我记得跟这些人在一起时,曾听他们讲起即使买最基本的生活必需品——哪怕是孩子的鞋子,都要货比三家。听到这些后,我把公司分配的车退了。

如今,公司最底层的员工要靠每年 2 万~4.5 万美元的收入供养一家人。去年,他们应该得到的奖金约为 500 美元,而高层管理人员的奖金是他们的许多倍。所以我向董事会提出申请;要求从自己的奖金中分给收入最低的 155 名员工每人 1000 美元。对我和大多数 CEO 而言,1000 美元不值一提,但对于要供养孩子上学或负担父母医药费的人来说,这是很有帮助的一大笔钱。

如果你克制自己对金钱的欲望,而且员工们看到这一点。他们会对公司非常忠诚,工作将非常努力。目前,公司的人员自然缩减率降到了 11 年来的最低点,由于每个人都对工作感到满意,我们将迎来又一个好年景。

管理心得 >>

西方有一位学者在对员工激励的研究中发现,如果按时计酬的分配制度仅能让员工发挥20%~30%的能力,如果受到充分激励的话,员工的能力可以发挥出80%~90%,两种情况之间60%的差距就是有效激励的结果。

美国学者格立森曾说过:"要想获得这个世界上的最大奖赏,你必须拥有过去最伟大的开拓者所拥有的将梦想转化为全部有价值的献身热情,以此来发展和展示自己的才能。"通过激励,可以挖掘人的潜能,调动人的积极性和创造性,并且吸引更多的人为实现组织目标而不断提高工作绩效,使符合企业目标的行为得到强化。

管理是一门艺术,员工激励则是艺术中的艺术,企业在不同的阶段应该根据不同的企业文化、组织结构来针对不同类型的员工设计出人性化的激励机制,从而使自己的企业更具有竞争力。在良好的激励机制下,管理者应能找准员工的真正需要,并将满足员工需要的措施与企业目标的实现有效地结合起来,在这样的激励机制作用下,企业可以不断发展壮大,不断成长。

因此,如何建立良好有效的激励机制,不同的企业、同一企业在不同的发展时期,针对不同的员工、员工的不同人生和职业阶段性制定实施恰当的适度的激励措施是管理成功的关键所在。

第八章

绩效评估的误区

绩效管理是店铺人力资源管理中极为重要的一个环节，但它也是一把双刃剑，推行得好，可有效提高店铺的整体效率，创造最大效益，并留住优秀人才；反之，则会打击员工士气，影响店铺的竞争力。

1. 李逵发飙

从名牌大学——江州大学毕业之后,李逵就直接加盟了"忠义堂",成为"一百单八将"中的一员。由于综合能力比较突出,在店铺当导购的时候也做得得心应手,加上客户资源丰富,业绩在整个店铺也一直名列前茅,所以宋江一直对他青眼有加,即便李逵偶尔犯点小错、闹点情绪也不深究。

不过,李逵有一个致命的弱点,那就是酗酒闹事。来到"忠义堂"之后,李逵多次酗酒闹事,甚至和宋江一起的时候也不落空,多次令宋江和一些顾客下不了台,给"忠义堂"的声誉带来了极大的损害。

后来,实在没有办法,宋江只好把李逵调到仓储部。由于"花和尚"鲁智深也不个省油的灯——不管你李逵出什么损招,我鲁智深照接不误,而且反击起来比你李逵更狠!因此,李逵内心上还是隐隐有些怵鲁智深,在鲁智深手下做事的日子里,他总算收敛了不少。

不过,江山易改,本性难移。即便调离了店铺销售一线,李逵依然还是店铺管理的难题。

果不其然,在店铺新的绩效考核方法推行的过程中,李逵再一次撞到枪口上。

"忠义堂"目前所推行新的考核办法是根据每个员工本月工作的工时和工作完成度对其进行考核的,考核结果与工资中的岗位工资和绩效工资挂钩,效益工资和员工创造出的相关效益挂钩。

由于"忠义堂"有良好的信息化基础,工时是根据员工每日在信息化系统上填写的工作安排和其直接上级对员工工作安排工时的核定来累计的,员工的工作完成度也是上级领导对员工本月任务完成情况的客观反映。

"忠义堂"绩效考核工作人员根据信息化系统所提供的数据,发现李逵上个月的工时离标准工时差距很大,而且李逵的工作完成度也偏低。由此类推,经过相关工资计算公式的演算,李逵这个月的工资中的岗位工资和绩效工资要扣掉几百元钱。

在财务室里,当李逵看到这张已经严重缩水的工资条,异常激动,一再抱怨仓储部主管鲁智深对自己个人有偏见,同时也认为人力资源部本次实施绩效评估不大公平,事前并没有对自己说清楚、讲明白。何况,业绩下降,也不能全部让他一个人承担,全体员工都有责任啊!

尽管公孙胜一再解释,但依然无法消除李逵心中的怨气,而且还非要找宋江讨个说法! 其实,公孙胜最近也挺委屈的,为了这个绩效评估方案,自己从年头一直忙活到年尾,总算是实施了,可到头来,却是……唉!

此外,按照新的绩效评估方法,武松等很多员工同样达不到目标,所以工资也缩水了不少——这已经是武松连续几个月被扣工资了! 因此,当拿到工资条的时候,心里很不是滋味,不禁对好朋友鲁智深大发牢骚:"今天扣工资,明天扣工资,恐怕冷了员工们的心!"

不过,尽管心里有点儿不舒服,但武松也只是偶尔抱怨一下就没事了,但是李逵可不干,带着一身的怨气,他走进了宋江的办公室……

倾听了李逵的牢骚之后,宋江先给李逵倒了茶水,平稳了他的情绪,然后对他拍胸脯保证,会尽快地给大家一个合理的说法!

送走李逵之后，宋江心里也隐隐觉得，新的绩效评估实施以来，之所以出现这么大的波动，可能这个评估体系在某些方面确实存在问题。于是，赶紧拨打吴用的手机，让他尽快过来，共同商量出一个合理的解决办法。

很快，吴用赶到了宋江的办公室。

在听取了宋江的陈述及忧虑之后，吴用也大致明白了究竟是怎么回事，于是就先给宋江讲了一个故事，接着慢慢逐一进行分析和开导……

两只熊的较量

黑熊和棕熊喜食蜂蜜，都以养蜂为生。它们各有一个蜂箱，养着同样多的蜜蜂。有一天，它们决定比赛看谁的蜜蜂产的蜜多。

黑熊想，蜜的产量取决于蜜蜂每天对花的"访问量"。于是它买来了一套昂贵的测量蜜蜂访问量的绩效管理系统。在它看来，蜜蜂所接触的花的数量就是其工作量。每过一个季度，黑熊就公布每只蜜蜂的工作量；同时，黑熊还设立了奖项，奖励访问量最高的蜜蜂。但它从不告诉蜜蜂们它是在与棕熊比赛，它只是让蜜蜂们比赛访问量。

棕熊与黑熊想得不一样，它认为蜜蜂能产多少蜜，关键在于它们每天采回多少花蜜——花蜜越多，酿的蜂蜜也越多。于是它直截了当告诉众蜜蜂：它在和黑熊比赛看谁产的蜜多。它花了不多的钱买了一套绩效管理系统，测量每只蜜蜂每天采回花蜜的数量和整个蜂箱每天酿出蜂蜜的数量，并把测量结果张榜公布。它也设立了一套奖励制度，重奖当月采花蜜最多的蜜蜂。如果一个月的蜜蜂总产量高于上个月，那么所有蜜蜂都受到不同程度的奖励。

一年过去了，两只熊查看比赛结果，黑熊的蜂蜜不及棕熊的一半。

在吴用看来，黑熊的评估体系很精确，但它评估的绩效与最终的绩效并不直接相关。黑熊的蜜蜂为尽可能提高访问量，都不采太多的花蜜，因为采的花蜜越多，飞起来就越慢，每天的访问量就越少。另外，黑熊本来是为了让蜜蜂搜集更多的信息才让它们竞争，由于奖励范围太小，为搜集更多信息的竞争变成了相互封锁信息。蜜蜂之间竞争的压力太大，一只蜜蜂即使获得了很有价值的信息，比如某个地方有一片巨大的槐树林，它也不愿将此信息与其他蜜蜂分享！

而棕熊的蜜蜂则不一样，因为它不限于奖励一只蜜蜂，为了采集到更多的花蜜，蜜蜂相互合作，嗅觉灵敏、飞得快的蜜蜂负责打探哪儿的花最多最好，然后回来告诉力气大的蜜蜂一齐到那儿去采集花蜜，剩下的蜜蜂负责贮存采集回的花蜜，将其酿成蜂蜜。虽然采集花蜜多的能得到最多的奖励，但其他蜜蜂也能捞到部分好处，因此蜜蜂之间远没有到人人自危相互拆台的地步。

2. 为员工激励加一把劲

同样，从两只熊的较量延伸开来，吴用认为，店铺的好与坏并不仅仅在于它拥有员工的多少，而是看它是否能够让现有的员工的潜力更充分地释放出来、发挥出来。因此，如果员工工作做得好，那就应该得到肯定与奖赏；如果员工工作做得不好，那就应该得到否定和相应的惩罚——这就是绩效评估的重要性之所在！

实践表明，绩效评估作为店铺人力资源管理的核心职能之一，在吸引人才和开发人才方面发挥着极其重要的作用。任何一个店铺，如果没有一套科学的绩效评估体系，员工干与不干一个样，干好干坏一个样，再好的职级制度和薪酬体系恐怕都会沦为"大锅饭"，员工的工作积极性调动不起来，最终影响到店铺的经济效益。一些店铺在进行绩效评估时往往会遇到这样或那样的阻力，经常犯一些不该犯的错误，如评估标准不明确、奖惩不公平等，最终导致店铺的员工管理效果大打折扣，"忠义堂"这次之所以出现员工的情绪波动，在很大程度上就是同这方面有关。

在吴用看来，每一个店铺的实际情况都不一样，因此所采取的绩效评估方法也千差万别，但万变不离其宗，一个科学而合理的绩效评

估系统,至少应该体现出以下几个方面作用:

第一,能够引导和激励员工的行为趋向于店铺的目标。因为员工的行为和店铺的目标越一致,就越能创造店铺绩效和价值。因此,绩效评估系统应该让员工知道店铺对他们的期望,并让员工明白当工作绩效达到何种程度时,会得到相应的报酬和其他的认可,进而把员工的行为引导到店铺的目标上来。

第二,能够约束和监督员工行为以确保店铺的目标得以实现。良好的绩效评估系统应该可以提供一个系统地约束和监督员工工作绩效的方法——如果员工的工作绩效达到事前设定的目标,则店铺会通过承认和奖励给以激励,否则就应该通过绩效面谈确认和改善他们的行为。

第三,能够为店铺人事决策提供参考指标。保证加薪、培训、晋升、调职和降级等实践活动会的公平性,可以极大地提高员工的士气,改变以往"人才上不去,庸才下不来"的弊端。例如,某一品牌运动服装旗舰店,老板为了提升店铺销售水平和质量,专门高薪聘请了一位服装设计专家担任该店的销售经理。不久之后,他却惊异地发现,自从这位专家亲自"执政"之后,该店的销售业绩不仅没有起色,反而还有进一步滑坡迹象。经进一步调查发现,原来这位经理虽然对运动服装设计比较内行,但是对产品运作等其他方面的经验十分缺乏,加上本人性格不是很善于处理部门中的员工关系,导致部门管理不力,效率下降。最终,该店老板决定将其推荐到公司的产品研究开发中心,不久这位专家在新岗位上取得了出色的成绩。同样,在升降职和加减薪之前,如果不进行绩效评估,就往往也就失去了选择的标准。

此外,一个科学而合理的绩效评估系统还应该能够留住优秀的员工,减少员工流动问题,推动店铺建立优秀的人才队伍。当然,要使绩效评估系统真正发挥出上面的积极作用,都应该以绩效评估系统结构合理、运作正常、方法得当为前提条件。

3. 绩效评估何以失败

　　具体到"忠义堂"自己，新的绩效评估系统实施之后，店铺的绩效管理水平不见提高，管理者怨言还是很多，员工行为依然故我，大家所共同关心的还是薪水的高低，薪资的调整还要照一贯做法办，绩效考核还是不能与薪酬有效挂钩。一句话，这套绩效评估体系是失败的！

　　那么，为什么会如此失败呢？

　　吴用问："老宋，说老实话，这个新的绩效评估方案，从策划到出台到实施，你自己参与了多少？"

　　被吴用这么突然一问，宋江有点儿不好意思，如实回答道："其实啊，这个建议当初是公孙胜提出来的，我当时也没太当回事，所以一直让他一个人弄，我只是最后签了个字而已……"

批准！

　　"这就对了！绩效管理的实施推进是店铺管理手段和管理方法的一个重大的改革，必然要牵扯一些人的利益，必然要遇到一些阻力，在阻力面前,只有最高管理层不断地支持、帮助,人力资源部才能更有信心协同各部门共同完成这项艰巨的任务。老宋,不是我说你,这回新绩效评估方案从策划到实施,你是失职的,对工作的推进也只是一般的关心和参与,而且还那么被动,这根本达不到推动工作的要求。因此,缺乏高层强有力的支持,是此次绩效评估失败的重要原因!"

宋江开始有些惭愧。

吴用不管,继续道:"目前在我们店铺,一些管理者的认识出现了一个严重的误区,谈绩效必称考核,却很少有人谈绩效管理,能战略性地提出店铺实施绩效管理的人更是少之又少!"

"老吴,我倒不大认同你的说法。我觉得,至少这表明咱们店铺的管理人员比较务实,希望绩效考核能够解决各种烦人的薪酬分配问题、晋升问题等比较实际的管理问题。"

吴用看了宋江一下,微微一笑,说:"其实嘛,务实本身没错,但过于务实往往限制了管理者们的思路,目光容易短浅,导致故步自封。目前,我们店铺的一些管理者往往容易错误地认为绩效管理就是绩效考核,绩效考核就是绩效管理,混淆了二者的概念,也把店铺的管理改革限制在改进业绩考核办法、调整薪酬的很小的范围内,完全忽略了绩效管理的系统性、前瞻性和科学性。如果在观念的理解上就产生了错误,更何谈提高员工、经理和店铺的绩效?何谈店铺的战略实施和经营计划的实现?管理的管理行为和管理手段没有改变,又怎么能带动员工的改变?如果绩效管理仅仅就是从工作考评、民主评议到绩效考评、绩效评估的简单改进,那么这种改进又有什么意义?因此,这应该是本次绩效评估失败的另一个重要原因。"

宋江一下子被吴用说得毫无脾气,只好又问:"那……那还有其他原因吗?"

"那当然!目前,我们店铺绩效管理的任务全部划归人力资源部,他们几乎包办了除填写年终绩效考核表之外的所有工作,包括考评沟通。如此一来,其他的管理者根本不去关心绩效管理,在他们的观念中,事不关己,高高挂起,绩效管理既然是人力资源部的事情,那么自己所必须做的工作,就是完成人力资源部'派发'的填表任务,其他与己无关。这种情况下,人力资源部也不得不因工作任务繁重,疲于应付,最后草草收场,考核表格收齐封存完事。再也没有精力去分析、比对,于是,绩效管理在这里成了'认认真真'走形式。店铺自以为找到了一个有效的管理'武器',然而在操作过程中却走了样,从而造成绩效评估成了走过场,流于形式,先进成了'轮流坐庄',以致最后主管不想考核,员工不愿被考核,人力资源管理人员也没兴趣组织。这样的形式主义在一定程度上打击了员工的积极性,不但没有起到积极的作用,相反却带来了严重的负面影响。"

"老吴啊,其实你也知道,'事不关己,高高挂起'这一现象,早已是我们店的顽疾了,恐怕不是一时半刻所能解决的啊!"

"对!这次绩效评估之所以失败,还离不开另外一个因素——部门主管和员工配合的力度不够。国人自古以来就存在'不得罪人'的文化积淀,大多数主管都不愿扮黑脸、作反面评量,因此只要有让人头痛的人物,便设法延缓评估工作,幻想问题会自行消失。此外,有些主管还顾虑另一问题:被评为劣等表现会对员工造成负面回馈,打击工作信心和士气。在主管人员如此不甘愿的心态下,所做的考核必定是含糊混淆,无法对员工造成正面、有效的引导作用。而由于主管之偏见,往往又令员工成为牺牲品——主观的成见或无心的小差错都足以产生绩效考核的错误。就员工本身而言,多数认为绩效考核过程不够周密,往往自己最好的一面难有机会以常态呈现给主管。因此,他们常认为中等评价,如'普通'、'差强人意'、'合乎标准'等,只不过是主管应付了事、令人泄气的评语罢了!以这样的心态参与绩效评估,结果可想而知了!"

宋江算是彻底拜倒在吴用的"三寸不烂之舌"之下,于是再问:"老宋,存在即是合理,虽说目前事态的发展有点儿偏差,但进行一定的调整之后,绩效评估工作还得继续。那么,在实施过程中,我们需要注意些什么,或者说我们员工得把握哪些必要的原则?"

"这个问题问得好!"吴用一边赞许,一边打开自己的笔记本电脑,搜索出一篇文章,然后把电脑桌面转向宋江,说:"最近我在网上看到的一篇关于绩效评估的文章,我觉得作者写得确实不错,你不妨看看,或许会对你将要开展的工作会有所帮助。"

实施绩效评估的五大注意

第一，注意评估方法的适用性。运用绩效评估不是赶时髦，而是要用科学的方法来检查和评定店铺员工对职位所规定职责的履行程度，以确定其工作成绩，从而促进店铺的人力资源管理，提高店铺的综合竞争力。目前，一些店铺在进行绩效评估时，盲目运用新兴的所谓绩效评估方法，结果导致评估失灵。"平衡记分卡"、"360度绩效考核"等绩效评估方法固然有其先进性，但对于我们自己的店铺来说并不一定具有适用性。如果一知半解，盲目引入，有时未获其利，可能反受其害。任何绩效评估方法都不是十全十美的，没有最好的绩效评价工具，只有最适合你企业的工具。因此，因地制宜，顺势而为，选择适合店铺自己的绩效评估方法，方为明智之举。

第二，注意评估员工的表现力。员工在店铺的表现力主要体现有三：一是工作业绩。这是最为重要的，例如，销售人员业务成交次数及替店铺带来的营业收入、作业人员的错误率等都应作为绩效评估的指标。在进行这类数字考核时，要注意理解这些数字所代表的真正意义，切不可迷信于数字。例如，客服人员接听电话的次数并不代表他的工作绩效，替顾客解决问题的比例及服务品质才是关键。二是员工在工作团队中的投入程度。这可以请员工为自己的工作团队打分，以了解团队中每名成员在扮演主管、部属、同事时是否尽到应尽的责任。三是员工对顾客的贡献程度。可请顾客评估员工的表现，即使是没有代表店铺向外接触的员工一样有他们自己的顾客，如为店铺的另一个部门服务，另一个部门的员工就是这些员工的顾客。

第三，要注意评估标准的合理性。绩效评估标准是对员工绩效的数量和质量进行监测的准则。店铺在进行绩效评估时要充分考虑标准的合理性，这种合理性主要体现在五个方面：一是考核标准要全面。要保证重要的评价指标没有遗漏，店铺制定的各种考核标准要相互补充、扬长避短，共同构成一个完整的考核体系。二是标准之间要协调。各种不同标准之间在相关质的规定性方面要衔接一致，不能相互冲突。三是关键标准要连贯。特别是关键绩效指标应有一定的连贯性，否则不仅于不利于考评工作的开展，而且可能导致员工奋斗目标的困惑。四是标准应尽可能量化，不能量化的要细化。只有科学合理的量度方法,才能让员工相信绩效评估的公正性和可行性。倘若绩效量度的内容过于笼统,量度的方法不明确,员工完全有理由认为考核结果是由考核者主观臆断而作出的判定,无任何客观标准和实际意义,只不过是形式上"走过场",从而产生不满和抵抗情绪。五是要根据团体工作目标而非个人喜好来制定考核标准,同时针对不同层次员工和不同年龄员工的特点来制定考核标准,使标准具有针对性。

第四,注意提高员工的满意度。绩效评估是一把"双刃剑",正确的绩效评估,能激起员工努力工作的积极性,可以激活整个店铺;但如果做法不当,可能会产生许多意想不到的后果。绩效评估要体现公正、合理、公开,才能起到激励作用。店铺在进行绩效评估时应尽力使绩效评估制度完善,令员工尽量满意。但是,员工对绩效评估或奖罚仍有可能产生不满,当员工的不满得不到疏导,就有可能引致不理想的工作态度和行为。店铺的管理者在绩效评估过程中应尽力去了解、发现员工对评估的不满,进而寻找员工不满的原因,制定措施,解决不满。因此,店铺应设立正式的绩效考核申诉程序,若员工对部门考评结果不满可以申诉至企业的考评小组,为员工设置畅通的申诉渠道。这样不但使员工可以通过正式的途径表达不满,能将自己的不满上达管理层;同时亦可使管理人员积极面对工作,以积极的态度解决问题,从而使员工的不满逐渐降低,逐步培养起员工对企业的向心力,使员工的个人目标与店铺的整体目标得以进一步的协调统一。作为店铺应创造条件让员工有更好的表现,把员工当作店铺的合作者而不是打工者,把绩效评估同员工的生涯规划、店铺的培训计划有机地结合起来,而不仅仅局限于员工薪资、奖金的升免。

第五,注意评估过程的完整性。完整的绩效评估过程包括:事前沟通,制定考核标准,实施考核,考核结果的分析和评定,反馈和控制等五个阶段。而我们的人力资源工作人员通常忽视了事前沟通和反馈、控制两个重要过程。尽管人力资源部把绩效评估系统和政策设计得比较完美,但如果事前没有和部门主管进行有效的沟通,得不到很好的理解和认同,结果肯定是白费劲。要知道绩效评估的主要执行人是各部门直接主管,而不是人力资源部。绩效评估的结果是必须让员工知道的,这就是绩效评估的反馈。如果店铺做了绩效评估,却不让员工知道评估的结果，而只作为店铺对员工的奖赏或其他的决定，那么这种做法就不能发挥绩效评估的应有目的，从而使得绩效评估工作前功尽弃。此外，绩效评估的效果能否充分发挥，也取决于相关的跟进措施，主要体现在：平时的目标跟进和绩效辅导是否及时，评估后能否给予相应的奖惩或改进监督，能否不顾情面明确地指出下属的不足，是否建立了员工投诉渠道，评估结果能否有效地运用到培训中去……如果这些措施不完备，绩效评估效果就无法保证。

看完这《实施绩效评估的五大注意》之后，宋江感觉受益匪浅，默默地想着"忠义堂"的绩效评估该如何改进。吴用觉得火候也已经差不多了，于是起身告辞。

4. 评估者的禁区

经过吴用的一番开导，宋江总算认识到了员工绩效评估的重要性，把此事当作了一件大事来抓。接下来一段时间，宋江还召开了几次中层干部会议，专门就原来的员工绩效评估方案进行深入地讨论和修正，最终达成共识。

既然方案已经确定下来了，那么接下来就该正式实施了。不过，这又涉及到另外一个问题——评估者。过去的教训一再表明，即便是再好的评估方案，如果在偏离原来方向的评估者手里，都不会达到预期的效果。李逵、武松、阮小二等人之所以一再抱怨，一个非常重要的原因是他们认为以前的方案不够合理，同时还认为部门主管存在个人偏见，影响评估公正。

宋江深知，员工绩效评估是一把"双刃剑"，好的绩效评估制度可以活化整个店铺；但如果实施不当，不仅解决不了原来的评估问题，而且还会导致许多新的、意想不到的问题。

为此，宋江还专门把公孙胜喊过来。

"公孙先生，由于前段时间我对店铺的绩效评估工作认识不到位，没有给予足够的重视，导致你的工作异常被动，令你受到了不少委屈。在此，我对于自己工作的失职正式向你道歉！"宋江说完，深深地向公孙胜鞠了一躬。

突然被宋江行了这么一个大礼，公孙胜大惊，心里也大受感动，赶紧扶起宋江，说："宋老板，您这是言重了！受点委屈不算什么，这其实是工作的一部分啊！"

"理解万岁！公孙先生，新的绩效评估方案马上要实施，这回恐怕又要你忙乎一阵子啦！"

"宋老板，此乃分内之事，我一定会全力以赴！"

"有你这句话，我就放心很多了！不过，这次的评估工作，只许成功，不许失败，绝对不能重蹈覆辙。因此，在具体评估过程中，有些问题你们一定要尽量避免！"

"哦，宋老板但说无妨。"

于是，宋江开始逐一给公孙胜讲解。

宋江认为，作为一个评估者，在绩效评估的过程中，应该尽量避免以下几个方面的"禁区"：

第一，以偏代全，招致不满。一般说来，在店铺的绩效评估（尤其还牵扯到加薪、升迁）之后，员工认为自己受到了不公正的评估，影响到他的前途或收入，所以才会与上司发生不愉快的冲突。如果评估者对某一员工有先入为主的好感或坏感，即使员工以后的表现有了变化，往往也会被评估者所忽略。这使评估者仅以员工表现的某一方面就形成整体感觉，并把这种态度扩展到对这名员工的所有评估上。因此，如果评估者无法区分员工工作表现中的各个方面，自然会招致员工的不满。面对这种问题，如果评估者在日常工作中能够密切地与下属接触、观察并做记录，绩效评估中设定各种不同的着眼点，从不同角度进行分析评定，一般是不会陷入"以偏概全"的陷阱之中的。

第二，宽于律己，苛以待人。这是员工最厌恶的主管类型，也就是管理者管理标准不统一，不以身作则，反而用放大镜来看待员工的行为,致使产生管理冲突,造成员工产生"多做多错,少做少错,不做不错"的心结或是"上行下效",毫无作为。在一个店铺里,评估者一般是员工的表率,因此一定要言行谨慎,要以身作则、身体力行地执行店铺的各项规章制度。当你拿着放大镜看别人却放纵自己时,员工肯定也是拿着放大镜看待你,产生的冲突也就可想而知了。

第三,过于宽松或折中主义。在日常工作期间,评估者要认认真真地执行对下属的指导、培养工作,密切地与下属接触,观察下属的工作表现并做记录,对照评估标准进行评估,只有这样,才能对得起自己的职位。

第四,只看数量不看质量。在绩效评估过程中,如果仅仅选择一两个简短的时段来测定,如:初期的评估较差,后期某一次做得也不好,考评分数就较差。或者,仅做某一时期的短暂评估而忽略一贯表现的好与坏。那么,这位评估者在没有彻底了解事实的情况下自以为是地评定员工,给只有苦劳却没有功劳的下属加薪,这往往只会给其他下属留下这么一种暗示:只要你做出勤劳状,即使没有做出成绩也可加薪提职!要避免这种错误的评估方式,必须针对被评估者的全期表现做全方位的评价,日常工作中就要勤于保存资料;平常若有观察到被评估者的特殊表现,切记要书面记录下来;进行评估时,要重新依每个评估向度逐一检视。

第五,回避自己的弱点。在现实生活中,一些主管往往会以自己的能力或行为做标准来评价下属——如跟自己唱对台戏的常常是低分,反之,能与自己唱和者则被评为高分。自己某方面较弱,则故意忽略不去评审,提升自己擅长方面的评估比重,而误判一个人的表现或潜力。在这种情况之下,积极的主管会认为所有的下属都是消极的;而经验丰富的主管会认为下属对于管理没有什么概念,但这种评估标准,对下属而言却不甚公平。因此,作为店铺的管理人员,要不断了解自己与下属有着不同的做事方式,性格各异,至少不是相同的人;要正确地认识自己与每一个下属的不同;不要过度自信,应积极培养有弹性的心态,才能将评估做得尽可能公正。

公孙胜听完宋江的交代之后,点了点头,便着手准备去了。

不久,新的员工绩效评估方案正式实施。由于该方案科学而合理,同时又具有很灵活的可操作性,极大地调动了员工销售的积极性,"忠义堂"的气氛为之一变,没有人迟到、早退、旷工,大家干劲十足,像花荣等以前的好卖手更是花样百出,替顾客考虑到心窝里,让顾客买得舒心、穿得开心。店铺的生意马上回升,连续几个月销售额增幅达50%!

看着眼前金光闪闪的财务报表数据,宋江已经摆了好久的苦瓜脸终于笑逐颜开……

资料链接 >> 十大绩效评估愚蠢行为

很多人认为,绩效评估毫无乐趣可言,相反,它往往令人感到十分懊恼。这是因为评估者的绩效评估方式总是十分愚蠢,甚至把这个对每个人来说都非常重要的事全都搞砸了。下面就是人们总结出来的十大绩效评估愚蠢行为。

第一,把太多的时间浪费在绩效评估上,而不是花在绩效计划或持续不断的绩效交流上。如果评估者懂得细水长流,那么,评估过程可能很简单,而且也可能十分愉快,因为这样的评估结果往往不会出人意料。

第二,将员工进行比较。想破坏感情、挫伤士气、破坏团队、互相猜忌吗?那就给员工排名次或对员工进行比较吧,这方法准行!此外,评估者不仅在员工之间制造了种种摩擦,而且可能成为众矢之的。这就是评估者所获得的奖赏。

第三,忘了评估的目的在于提高,而不在于批评。进行绩效评估的目的是为了提高绩效,而不是找一个反面典型,进行批评。

第四,认为某种评估表是客观的、不偏不倚的工具。许多公司利用评估表(比如分为5等)来评估员工。他们之所以乐意这么做,恐怕是因为这是这种方法特别快。但它未必就是正确的方法。一旦经理人觉得这种等级划分是"正确的"或是"客观的",那么问题就出现了,因为这种评估只能是主观的、不正确的。

第五,如果个人工资与绩效评估脱钩的话,就停止评估。这种现象相当普通。评估者之所以进行绩效评估往往是为了将其结果作为加薪的依据。当员工工资达到顶点时,或者说工资已经和评估与绩效脱钩时,评估者就提不起兴趣。

第六,相信自己可以精确地评估员工。评估者自欺欺人地认为,他们可以精确地评估员工的绩效。事实上,他们可能根本没有见过员工工作的过程,甚至没有见过员工工作的效果。所以,在评估的过程中,我们希望评估者和员工能齐心协力。

第七,取消或推迟评估会议。这类事情经常发生。它可能会给员工造成这么一种印象:评估是不重要的、虚假的。

第八,衡量或评估小事。评估者热衷于把客户服务定义为"电话铃响三声内接电话",或履行诸如此类的规定。

第九,在评估的过程中让员工措手不及。一整年都没见评估者和员工交谈。员工搞得一团糟的时候,没有人出面管管,而是暂时搁置一旁,默记在心。而后,到了评估会议上,评估者将过去收集起来的一切一股脑地端了出来,让员工措手不及。事实上,这只能让人看清谁是老板而已。

第十,认为所有的员工、所有的工作都应该通过同样的程序、按照完全一致的方法来评估。所有的员工都需要同样的方法来提高自身的绩效吗?当然不是。有些人需要具体的反馈,有些人则不需要;有些人需要更多的沟通,有些人则不需要。当然,工作都是不相同的。你想,我们可以用同样的方法来评估福特汽车公司的 CEO 和车间清洁工吗?当然不能。所以,为什么评估者坚持要用同样的工具和同样的标准来评估接待员和工程师呢?

管理心得 >>

绩效评估是绩效管理的关键环节,它一般是指企业对员工在过去一段时间内的工作表现作评价,以判断员工的潜在发展能力,了解其将来执行业务的适应性及潜力,并为调整薪资、升迁及奖惩等相关人事作为依据。因此,绩效评估的成功与否直接影响到整个绩效管理过程的有效性。

　　目前很多店铺管理者已经认识到了绩效评估的重要性,也一直在努力采取各种措施来推行适合自己店铺的绩效评估方案,但由于种种人为因素在从中作梗,导致店铺的绩效评估工作的准确性大打折扣;而不准确或不符合实际的绩效评估不仅不会起到积极的激励效果,反而会给店铺人力资源管理带来重重障碍,使员工关系紧张、团队精神遭到损害。

　　诚然,绩效评估过程中不可避免地存在这样或那样的偏差,一定程度上影响着绩效评估的公正性、客观性。要克服"近因效应"、"光环效应"、"暗示效应"等干扰,全面、客观、公正地对受评估者的工作进行评价,同时要进行必要的培训,以减小偏差,使评估的有效性最大化。由于每一个店铺的实际情况都不大一样,所采取绩效评估方法也不大可能有一个"放之四海而皆准"的模式,因此,店铺管理者应该根据自身情况探寻出一套合理的绩效评估方法,而不是人云亦云,哪里热闹往哪里挤!

第九章

人才之争

在竞争日益激烈的市场竞争中，人才流失问题困扰着众多企业，如何留住优秀人才，组建一支攻无不克的铁的团队，是很多企业掌舵人梦寐以求的事情。一个优秀的企业不应该只是给予最高的薪资，或是最好的福利，还应该考虑工作的内容、员工的发展机会、组织的文化，甚至领导、人际关系等因素，才能让员工对工作满意，从而激发员工的敬业精神。

1. 挖墙脚，风云再起

众所周知，任何一个行业的变革，都会直接带来这一行业的人才洗牌和流动。服装行业的起伏同样引起了人才的波动，当其行业火爆时员工的薪水较高，职业前景被人看好，涌入者众；反之，则是"胜利大逃亡"的境况。

短短几年时间，在政府的鼓励和扶持下，大宋服装业获得了空前的发展，成为大宋名副其实的支柱产业。服装行业火爆了，服装业人才自然也成为市场上最为紧缺的资源之一，前所未有地被各类猎头公司所关注，总是处于不断被诱惑之中！

尽管"服装大鳄"高俅在梁山泊风景区遭遇"滑铁卢"，损失惨重，但梁山泊毕竟是梁山泊，依然犹如一块充满吸引力的磁铁，时时刻刻吸引来自四面八方的商家进驻，真是"江山代有才人出，各领风骚三五年"！

在高俅撤离梁山泊之后不久，王庆的淮西服装集团、田虎的河北服装集团、方腊的江南服装集团则先后介入梁山泊风景区，与"忠义堂"并雄而立。从而导致整个梁山泊服装市场竞争格局进一步分化，原来一些小商铺纷纷被淘汰出局，基本形成了以这四大集团为核心，各类二三线品牌专卖店为辅助的竞争格局。

各类店铺的纷纷介入，必须以零售人才为前提，这直接导致了零售人才竞争的白热化！尽管目前大宋国内的服装零售业人才总量有所增加，但是跟快速发展的服装零售业相比依然还显得供不应求。在这种情况下，服装零售人才大都面临"挖墙脚"的诱惑，其中以优秀店长最为抢手，经常受到一些猎头公司的骚扰！在这其中，又以四大集团之间的人员流动最为频繁,有时候甚至是中高层人员的集体出走,从管理层到操作层面一个纵向连队的出走。自从杀入这些新力军之后,"忠义堂"在人才争夺上,已经多次"城门失守",李俊出走不说,孙二娘、张青夫妇以及扈三娘等人也在江南拓展业务的时候被早先投靠方腊的王英积极游说。此外,武松经不起大哥、大嫂亲情电话的一再催促,也动了回清河之心,燕青由于同李师师近段打得火热,有点去京师发展的念头……所有这些,都对"忠义堂"的正常运营产生巨大的打击。

目前,正在筹备开张的江南服装集团梁山泊旗舰店已经进入采购招商阶段,他们在加速选址圈地的同时也加快了网罗人才的步伐。据梁山泊旗舰店的项目负责人方杰透露,江南服装集团在人才招聘上的总体策略是只招聘部门经理,然后在内部选拔优秀人员从事管理工作,因为要实施本土化,大部分的员工都是从其他店铺挖来的!

终端之间总是在互相挖人,主要原因在于服装零售业的人才太过匮乏。何况,最近几年,大宋国内院校的人才培养和行业需求严重脱离,零售业各个部门销售、物流、网络都需要人才,而且这些人的水平要求比较高,否则就不能保证店铺高速度、高质量运转,以及在新商圈里圈得自己的利益。当然,终端人才的频频跳槽,折射出很多店铺企业文化建设方面的不足,店铺经营理念没有完全建立,店铺正在从个人英雄主义的管理方式向强调团队组织的管理方式转变。

2. 各个击破

正所谓"打江山易，守江山难"，在竞争对手们的一再挤压之下，"忠义堂"变得危机四伏。

对于那些被猎头公司盯上的员工，尽管老板宋江也苦口婆心地进行挽留，但是收效甚微，要离开的最终还是选择离开，弄得宋江无可奈何而又心急如焚，于是赶紧找吴用前来商量对策。

对于"忠义堂"目前的严峻局势，作为宋江的高级顾问，吴用自然心知肚明，也一直在努力想办法进行解决。在吴用看来，导致人才流失的原因很多，既有管理体制方面的矛盾，也有滞后的思维观念从中作梗。

吴用认为，在创业型企业中，团队成员一般都是由一些私交很好的伙伴，如朋友、同事、同学、校友等来共同创业，大多有相似的理念和观点，基于共同的"梦想"而结合。企业的组织是非规范化的，成员为了生存而奋斗，不计较个人的得失，彼此在性格上的差异和处理问题的不同态度就容易被掩盖。而当企业进入规范化阶段，组织明确了战略目标和发展方向，部门也按照责权划分了级别、进行了劳动分工，企业从不规范过渡到正常经营管理状态。此时，原有的许多矛盾就暴露出来，成员的经营理念产生分歧、团队思想缺乏统一、管理风格各不相同，导致部分成员无法认同企业的战略目标和价值观，久而久之，创业团队分裂、人才流失——多年来，大宋实业集团很多跳槽到"忠义堂"的人才，如徐宁、雷横、朱仝等人，基本上就是这方面的原因。

因此，当宋江他问该如何化解三大对手的夹击的时候，吴用唯一的回答就是——留人！不惜一切代价留人！

"问题是，怎样个留法？"宋江忐忑不安地问。

吴用轻轻摇了摇扇子，俯到宋江耳边悄悄地说了几句话。

宋江边听边点头，激动之余甚至不禁向吴用伸出大拇指表示赞许,最后非常满意地离开。

次日上午,孙二娘、张青夫妇以及扈三娘被吴用叫到办公室谈话,细谈了大约一个多小时。吴用大意就是说,为了进一步发展扩张,"忠义堂"近期将在梁山泊风景区内再开几个店,鉴于孙二娘、张青夫妇能力比较突出,如果他们在接下来的工作中评估表现可以的话,宋江将优先将这一任务交给他们。由于孙二娘、张青夫妇一直都有自己开店的意愿,听到吴用这么说,自然欢欣鼓舞,满意100%!至于扈三娘,吴用表示,不会妨碍她与王英夫妻团聚,想去便去。不过若是王英能痛改前非,回到"忠义堂",将给孙二娘、张青一样的待遇,让扈三娘与王英商量,考虑是去是留。

晚上,武松被宋江叫到当地的一家特色酒楼喝酒。

酒至半酣,宋江一个劲儿地感叹光阴似箭,年华早逝。

回顾往昔,两人都不胜欷歔,感慨不已。

遥想当年,两人都落难江湖,在柴进家不打不相识。尽管宋江当时也已经落魄不堪,但是面对正患疟疾、贫病交加、无人理睬的武松,宋江还是非常坚决地伸出了那双温暖的手,使武松倍感温暖。自那之后,武松把宋江看成是自己最亲的兄弟,愿意为他两肋插刀,随他天南地北闯天下!

是日,两人大醉而归……

自从同吴用"会晤"之后,孙二娘、张青夫妇的工作积极性明显增强了,尽管也不时受到一些猎头公司的骚扰,但皆不为所动。王英与扈三娘商议许久，对比利害，终于重返"忠义堂"，夫妻二人打醒十二分精神做事。

武松有感于宋江情深义重，思绪也不再摇摆，一心一意做好手头的工作，回清河帮大哥大嫂的事情最终不了了之。

至于其他员工，在一次小加薪之后，基本上也已经没有了什么大动静，即便有，也被吴用等人安抚下来了。因此，"忠义堂"经过短暂的震动之后，终于回归宁静，走上正轨，让宋江看在眼里，喜在心头，一个悬着的心总算是平静了下来。

"老吴，这次留人行动，你做得真漂亮！王英还带回了江南的客户。"宋江对吴用佩服得五体投地。

吴用依然轻轻地摇着那把小扇子，说："只有把店铺变成人才创业沃土和成就事业的乐园，才能使员工对店铺产生认同感、成就感、归宿感、创造感。古往今来，留人、用人方式多种多样，诸如萧何月下追韩信，刘备三顾茅庐，但归根结底，无非就是待遇留人、事业留人、机制留人、创新思维留人、文化留人、环境留人六种！"

"宋某愿闻其详！"宋江有点迫不及待。

于是，吴用慢慢给宋江分析。

3. 留人六大心法

吴用从自己背后的书架里拿出一本书，翻了翻，然后对宋江说："有统计显示，当一个员工离职以后，企业从找新人到顺利上手，光是替换成本就高达离职员工薪水的 1.5～2.5 倍，而优秀员工的替换成本则更大，往往给企业带来'地震级'的后果。因此，如何吸引人才、留住人才，减少优秀人才的流失是企业必须面对的问题。"

宋江也深有同感。

"老宋,我觉得啊,在人才竞争白热化的今天,获得人才、留住人才已经不是一个简单的高薪就能解决的了,店铺必须为人才创造成功的机会,提供成才的条件,不断满足其成就欲望,才能防止他们'移情别恋'。可以说,为了留住优秀的人才,世界各大企业真可谓'八仙过海,各显神通',什么卑鄙的手段都能使得出!"

"呵呵,论卑鄙,高俅自称第二,恐怕没人敢称第一!"宋江至今还对高俅耿耿于怀。

吴用莞尔一笑,道:"老宋,你可想过,为什么这次我们会险些流失那么多人才呢?"

宋江一愣,道:"可能是我们这里的待遇不如人家吧……"

"非也,非也,你所回答的其实只是问题的一个方面!"

在吴用看来,"忠义堂"这次之所以出现这么大的人员波动,主要有以下几个方面的原因:

首先,店铺对员工的职业规划不明确。在任何一个店铺,优秀的员工都是店铺的战略资源,他们一般都有自己明确的职业发展规划,并且通过职业规划来实现个人的目标。目前,"忠义堂"本身就没有制定长远的战略发展规划,更不用说为员工制定职业发展规划、创造合适的环境。自然,这势必造成优秀人才无法充分发挥自身优势,个人的发展空间受到极大的限制,他们根本看不到光明的未来。因此,为了谋求更大的发展,他们往往会选择一走了之。

其次,薪酬待遇不公平且达不到员工的期望。根据亚当斯的公平理论,一个人在自己因工作或做出成绩而取得报酬后,并不会仅仅关心所得报酬的绝对量,而且还会通过相对于投入的报酬水平与相关人员的比较来判定其所获报酬是否公平。目前,"忠义堂"总体上薪酬水平还算是比较低,尤其是相对于另外三家对手。此外,按现行的工资体系,同一工作岗位的老前辈薪酬待遇普遍高于年轻人很多,而工作量却明显少于年轻人,工资待遇论资历,老前辈多发,工作量按辈分,老前辈少干,"公平原理"失效。此外,尽管已经抓了几年,但是依然还没有建立起一套合理的薪酬制度,一些优秀的员工感觉到他们的所得与他们的贡献远远不匹配,产生一种没有被认可的心理,从而纷纷"跳槽"。

再次,店铺管理思维落后。众所周知,沟通是店铺维持良性运转的润滑剂,良好的沟通不仅可以消除店铺发展中的许多障碍,同时也会极大地提高员工的忠诚度和主人翁意识。遗憾的是,"忠义堂"目前正缺乏这种沟通的意识。在很多部门,论资排辈的现象非常严重,专制管理倾向明显,仅仅是店铺的最高主管或者少数几个人做出决策,下属只有服从。时间一长,势必导致一些优秀员工的逆反心理,他们会有一种融入不到店铺里的感觉,从而对工作造成不良影响。如此恶性循环下去,优秀员工的积极性得不到激发,自然会产生"良鸟择木而栖"的念头。

"过去的事没法改变,那么,对于现在还留在店铺里的优秀员工,我们该如何留住呢?"

于是,吴用结合一些知名企业的留人之道,归纳出几种留人方式,给宋江予以启示:

第一,待遇留人。任何人都有物质需要,都有财富欲望,只是多少不同罢了,因此高薪历来都是留人最重要、最直接,也是最有效的方式。当今国际足坛,很多球星经常在各大豪门之间串来串去,为什么?一个非常重要的原因就是高薪在起作用。何况,有时高薪也是衡量一个人价值的重要体现! 由此可见,薪酬目前仍是吸引和留住人才最具威力的武器。

一般来讲,提供有竞争力的薪酬会给员工带来较高的满意度,与之俱来的是较低的离职率。同时,在确定薪酬上不但要考虑外部公平,还要考虑内部公平、自我公平的等因素,使店铺内部作出相同贡献的人所得薪酬相当。同时,在薪酬待遇的确定上还要讲求诚信,在争取人才加盟的时候,一些店铺老板往往会许下较高甚至是难以达到的承诺,但人才进来后,当初的承诺又会被各种理由削薄,变得无法按时按量兑现。所以店铺管理者应讲诚信,少许诺,多兑现,以发展的思维和长远的眼光对待人才所获得的报酬,让他们以轻松的心态施展自己的才能和潜力。

第二,事业留人。高薪也并非万能的——可以想象一下,前微软公司全球副总裁李开复在微软的待遇差吗? 但他为什么还是同世界首富比尔·盖茨分道扬镳,甚至不惜同微软打官司而跳槽到谷歌呢?

这里就存在一个事业追求的问题——当人的基本物质欲望得到满足之后，往往事业追求成为其新的人生目标。对于这样的人，应该采用事业留人的方式，使之能更进一步发挥自己的聪明才智，满足其挑战极限的欲望！

事业留人最突出的表现是店铺制定有明确的发展战略目标，并使员工切身感受到他们的工作与实现店铺的发展目标是息息相关的。因此，要想实现事业留人的目标，店铺领导者需要为店铺制定一个清晰而明确的发展目标、愿景，制定切实可行的发展规划；同时，店铺为员工，尤其是核心员工规划合理的职业生涯，将员工的个人发展、追求目标融入店铺的发展规划中——因为即使店铺有清晰的远景目标，如果不能使员工明白自己未来的发展与店铺的远景目标实现之间的关系以及在实现目标中的作用，依然无法产生积极的激励作用。因此，要让员工有明确的奋斗目标，感到在店铺里"有价值、有奔头、有收获"，愿意在这个店铺长期待下去。

第三，机制留人。店铺领导者还应用多种手段挖掘人才的潜能，实施"发现管理"和"发挥管理"。用心去发现各类"术业有专攻"的"千里马"，并给予培养、扶持，因为只有"伯乐"成排，才有"千里马"成群。同时发挥千里马的作用，有所侧重的使用。所谓"坚车能载重，渡河不如舟；骏马能历险，犁田不如牛"，每个人各有其特长，有的擅长管理，有的精通技术，有的善于沟通，有的勤于思考，领导者要为他们提供不同的舞台。当然，对于滥竽充数的庸才，还要建立优胜劣汰机制，因为没有比较，就没有鉴别，没有竞争，就没有进步。如果长期良莠不分、鱼目混珠，最终也无法留住优秀人才。正如前通用电气CEO韦尔奇所言："对于20%的优秀者，加薪再加薪；对于20%的落后者，淘汰再淘汰！"

第四，创新思维留人。最大的创新是思维创新，在人才的选择、聘用、挽留上也要有创新思维，要博采众家之长，对于国外先进的理念要实行"拿来主义"。如日用品巨头宝洁公司尊重个性选择，对新员工实施轮岗制度，让他们在超过3个以上的部门短期任职，学化工可以进财务部，学机械可以进香波制造部……通过轮岗制度，使新员工迅速了解公司各部门的业务流程，对自身也有一个清晰的定位，一旦他觉得现在的岗位无法发挥潜力时，可以先在企业内部寻找发展机会，从而避免人才的流失。

因此，企业在制定制度时，要充分体现"以人为本"的思想，尽量满足他们不同的需求。海尔集团在内部员工中实行"赛马"制，让每个员工都有工作动力和压力，在"赛马"过程中增长才干，经受锻炼。这种机制激发的是员工的忠诚、智慧与潜力，给企业带来的则是活力与凝聚力。

第五，文化留人。人是一种感性的动物，是有感情的，尤其是怀旧情怀，知遇之恩，因此，情感留人同样是一种非常重要的方式。俗话说："锅不热，饼不贴"，以情感人是兴企招贤的重要手段，情到深处人才聚，古今中外，概莫能外。感情虽然"润物细无声"，看不见，摸不着，但一旦运用得当，往往就能达到事半功倍的效果！要想真正留住优秀的员工，就必须塑造一种信任、沟通的文化氛围，给员工以真正的信任，与之充分交流并达成默契，才能保持企业的活力与高效。当领导者同员工目标一致、沟通顺畅时，就必然能产生企业的凝聚力、感召力及员工的归属感、认同感，最终实现"留人又留心"。

第六，环境留人。人人都希望处于一种比较宽松的管理环境之中，自己的成绩会及时得到肯定，自己的意见会及时得到采纳，企业的重大决策自己也能够参与进来。同时，企业内部能够保持良好的沟通，及时地化解冲突，消除矛盾。这样，会使优秀的员工自然而然地融入到企业里，使优秀员工对企业产生浓厚的感情，保持较高的忠诚度。

此外，在目前这个"不进则退"的快速发展的社会里，员工越来越注重企业的培训机会，有的员工因为长期得不到培训而感到自己日渐落伍，从而选择一家能提供经常性培训的企业。因此企业要想留住人才，必须建立一套制度化的培训机制，建立与组织目标和员工职业发展目标相适应的培训机制。另一方面，企业要不断给予员工新的挑战，刻意培养其能力，让其承担更重要、范围更广、责任更多或职位更高的工作，借此发展人才和激励人才。

总之，在吴用看来，吸引人才、培养人才、留住人才是一项系统性、艺术性很强的工作，店铺管理者需要运用创新的思维、以人为本的理念来看待人才的竞争；运用愿景建筑、薪酬设计、机制创新的技巧和方式来应对人才的流失，也只有这样，才能使店铺在全面竞争中做强做大。

经过吴用如此精辟而又富有建设性的分析，宋江也若有所思，问道：

"老宋,你的意思是不是说,对于不同类型的员工,我们要采取不同挽留策略。孙二娘和张青、扈三娘和王英两夫妇有自我创业的愿望,但又没有本钱,所以我们不妨以内部创业的机会挽留他,肥水不流外人田;阮氏兄弟祖祖辈辈都在'忠义堂'这一老字号做事,'忠义堂'就是他们的归宿,所以我们不妨晓之以情,使之感觉这里永远是他们的家;武松历来讲义气,对我更是情深义重,所以我们同样也以诚意感动他;至于其他员工,到哪里打工不是打工? 只不过希望自己的工资多一点,待遇好一点,我们不妨适当地满足他们一下,基本也就没有问题了!"

"没错,长此以往,没准还有优秀的人才来投'忠义堂'呢!"吴用微笑道。

宋江逐渐笑逐颜开……

资料链接 >>　　日本企业留人之道

1. 制度留人

提起日本企业的人力资源管理制度,人们会马上想到终身雇佣制。终身雇佣制是日本企业最重要的特点之一,它作为一种就业制度,被世人认为是战后日本经济获得迅速发展的一个重要原因。日本的大企业普遍采用终身雇佣制度,小企业尽管未采用这种制度,但固定工也极少被解雇。在终身雇佣下,一个人一旦进入一个企业,只要不违法或严重违反企业规定,只要企业不倒闭,他就无失业之忧。这就大大增强了员工的"安全感"和"归属感",从而使其义无反顾地为企业尽心竭力地工作。

与终身雇佣制相适应的是年功序列制,其主要特点是员工年龄愈大、工龄愈长,熟悉程度愈高、工资也愈高。日本企业中老员工的工资约为新员工工资的 3 倍,终身雇佣者的工资约为临时雇佣者的 1.41 倍。如果员工经常跳槽,一切就会从零开始,所以日本企业的员工不会轻易跳槽。显然这对稳定基本员工队伍、缓解劳资矛盾、增加职工对企业的向心力起着重要的作用。

2. 构筑利益共同体留人

自20世纪60年代末以来,日本的许多私营企业开始实行"员工持股制度",允许本企业员工以低于股票交易人价格收购少量企业股份。员工持股者有权出席股东大会,并参与企业分红。企业下设"从业员工持股会",操办员工持股事宜,具体的办法是:逐月扣留认股员工少量工资,待扣款积累到购买股票最低金额即发给股票。

采用员工持股制,让员工持有少量的企业股份,不仅使员工能够产生主人翁意识和责任感,更重要的是把员工和企业捆绑起来,构成真正的利益共同体,做到员工与企业利益共享,风险共担。很自然,持股员工既是企业的股东,又是企业的员工,员工为企业工作也就是为自己工作。这种利益共同体,捆绑的不仅是企业员工,还有企业本身和企业发展,只有企业发展了,员工才能获得更多的利益。

3. 倡导"参与管理留人"

80年代,日本兴起企业文化热,其实质就是促进员工更多地关心和参与企业管理,强化员工的主人翁意识,从而达到留住人才、稳定员工队伍的目的。美国著名的管理学大师彼得·德鲁克提出的"目标管理制"被许多日本企业引入,并进一步得到发展。日本东芝公司在编写的《目标管理实践》中指出:每一个职工,由于亲自参加制定目标,无疑会感到自己对达到目标负有责任,并以极大热情投入工作。"职工建议制"也是日本企业广泛采用的一种方法。它全面地动员企业全体员工,集思广益,在诸如优化产品设计、提高产品质量、降低产品成本等经营管理方面出谋献策。

4. 教育培训留人

日本的企业大都为员工提供完善、大量的培训,从新员工的定向培训到内部升迁、继续教育,直至终生的职业发展。例如,丰田公司作为日本最大的企业,拥有10万名员工,每年的销售额超过700亿美元。丰田的快速发展与高素质、稳定的员工队伍和完善的员工培训密不可分。

加入丰田的新员工将会经历9个月的培训,在此期间,他们要在工厂里工作4个星期,并做3个月的汽车销售;他们听高级管理人员演讲,并从中得到解决问题的方法启示;他们还会接受独立工作的训练,以培养高度的责任感。

丰田公司采用顾问培训制度,未来的管理人员们被安排在高于他们两个级别的集体领导人手下工作,接受处理实际问题能力的训练,丰田大约有500名员工充当这样的角色。丰田还为在职员工提供研习班,公司内部的人员和外来的管理专家作为培训教师,公司的主席或总裁会作为发言人定期参加这种培训课程,而且丰田还为管理人员提供学习外语和操作实务的课程。此外,管理和技术人员每3~5年轮换一次。这种经常性的轮换和在职培训的目的在于"加快员工的个人发展,持续地给企业注入活力"。

还有一个很大的特点是他们特别重视"育人"的培训。日本企业界流行着一种观念:"塑人先于制造产品"。他们深知只有不断地对员工进行企业文化教育,把企业的经营理念灌输到每一个员工的心中,才能使员工认同企业的追求,明确奋斗目标,从而自觉地、忠诚地为实现目标而努力工作。为此,他们通过"社训""社歌""社徽"等形式,将日本传统的家庭集团意识:"一切为了家"观念,成功地植入企业,并深化为"一切为了企业""做企业的忠诚战士"。培训中要让员工时刻都要记住:自己是企业的一员,忠于企业是自己一切行为的准则,离开了企业这个大家庭,他的生活和生存将没有保证,也没有意义。

这种人性教育归根到底是为强化员工长期为企业服务的思想。如日立公司的职业培训就是特别注重对员工个性的培养,教育原则包括突出"诚,开拓,和"三位一体的日立精神,使员工具有"灵敏的触觉、绅士的风度、富有创造性、高度的责任感和优秀的工作绩效"。日立承诺:"尊重人才,开发人才和人尽其用"是员工教育的根本,没有它,员工队伍难以稳定,企业的进步和成长绝不可能实现。

5."黄金降落伞"制度留人

随着市场竞争的日趋激烈,企业收购与兼并是常有的事。被收购或兼并企业的高层管理者(如高层主管、高层经营者、首席执行官、最高行政长官等)一般很难在新企业中继续占据高层实权地位,其中不少人往往被迫辞职。众所周知,高层员工是企业的核心和脊梁,高层员工的离去,意味着危机,甚至是打击。

因此,为对付这种可能的风险,包括日本、美国在内的许多国家的企业,都制定了被誉之为"黄金降落伞"的制度。"黄金降落伞"实际是一种特殊的雇佣契约,通常包括一笔为数可观的退职金和其他特殊恩惠。凭着这一纸契约,当企业被收购或兼并时,原来的一些企业高层经营管理者便可以安全脱出,另谋高就,不受经济损失。这种制度保护的人数一般为 10~20 人,也有个别企业多达 200 人。显而易见,"黄金降落伞"制度为保证高层稳定和企业的平稳发展起到了积极的作用。

管理心得 >>

俗话说:"人往高处走,水往低处流。"

在市场经济条件下,人才流动是绝对的。根据有关资料显示,目前国内一些民营企业中高级人才的流失率高达 50%~60%,而据专家测算,正常的人才流动率应该控制在 15% 以下。人才流失造成了企业人力资源成本的极大浪费,企业竞争力严重下降,经济效益滞步不前,严重制约着企业的发展。因此,如何吸引和留住优秀人才,越来越成为每个企业最为关心的问题。

面对这样的现实状况,与其怨天尤人倒不如积极应对。当我们发觉找不到任何留住某些特定员工的办法,我们就要学会去适应它。通常,寻找合适的外部资源无疑是第一选择了,当市场上有现成的人力资源供给时,我们有时会发现人才流动并不是一件很可怕的事情。所以,企业除要花精力尽力留住老员工外,也应该花相当一部分精力来招聘新员工。

毫无疑问,无论在何时何地,高薪都是企业最直接也是最有效的留人手段,但其重要弊端是有时候令企业财政吃不消,更坏的结果是引起恶性循环,一发不可收拾。因此,事业激励和情感激励才是留住人才的最好手段——通过为员工设计良好的个人发展计划和职业发展前景,提供良好的培训机会,促进企业和员工的共同发展,降低员工的流动率和流动倾向。

第十章

团队精神

　　信息时代是一个追求个人价值实现与团队绩效双赢的时代，个人单打独斗的时代已经远去，团队合作的时代已经到来。卓越的企业团队是企业战无不胜，攻无不克的最有力武器，正如西方著名管理者罗伯特·伍德所言："不论多强大的士兵都无法战胜敌人的围剿，但我们联合起来就可以战胜一切困难，就像行军蚁一样把阻挡在眼前的一切障碍都消灭掉。"

1. 内忧外患

话说这一天,"忠义堂"老板宋江坐在新近落成的浔阳楼豪华办公室里,与吴用商讨"忠义堂"下一步的方略,面对着大宋帝国地图上标列出的"忠义堂"市场势力范围,这位素好风雅的企业家不禁感叹:

身在山东心在吴,飘蓬江海漫嗟吁。

他时若遂凌云志,敢笑黄巢不丈夫!

遥想当年,宋江白手起家创建"忠义堂",一来精通店铺经管之术,二来深得资本运营之妙,再加上有卢俊义、吴用等一帮高手压阵,十来年间将经营的加法和并购的乘法合并使用,生生地把"忠义堂"做成了大宋服装行业的市场老大。与此同时,与宋老板同时称雄于服装市场的风流人物,如大宋实业集团的高俅、淮西服装集团的王庆、河北服装集团的田虎等,或改行,或已经被挤压得销声匿迹,他们辛苦打拼下来的产业,也先后被"忠义堂"纳入旗下,可以说,整个大宋帝国的中、北部市场,已是"忠义堂"的天下。

当然,这也并非说宋江此时已经高枕无忧。

最近几年,地处南方的江南服装集团趁着全球化的季风,依凭大宋的人力成本优势,依靠连锁经营模式,短短几年之间,先后击溃了南方各路服装好手,成为名副其实的新"服装大鳄"。当然,方腊的野心不仅仅在于江南市场,而是席卷全国。因此,目前该集团不仅虎踞江南市场,而且迅速向中、北部市场渗透,"忠义堂"市场老大的地位,已受到江南集团的严重挑战。

江南服装集团是一家典型的民营企业,创始人方腊壮年创业,含辛茹苦三十载,通过连锁经营的模式,不断进行复制,不仅成就了"江南王"的伟业,最让人称道的是,经过他的摸索,目前打通了困扰民营企业多年的融资瓶颈。

不过,真正令宋江担心的倒不是方腊——方腊与曾经雄震大宋帝国的高俅一样,属于上一代的企业家,其思维与行事,与这个高速发展的时代颇有些格格不入,何况方腊年岁老了,早年的雄心伟略,已被岁月雨打风吹去,近年来更是时有传闻,说他准备金盆洗手,退出江湖,以醇酒美人安度晚年。

真正令宋江感到头痛的是方腊的几个骨干,尤其是那个方杰,此人绝对不同凡响,不仅是一个资本运作高手,同时也是一个实业经营家,江南服装集团近几年之所以获得如此快速的发展,在很大程度上就是方杰这个资本高手在背后操盘。

长江后浪推前浪,对于方杰,连宋江都佩服得五体投地。

近年来,江南服装集团的大小事务,一并由方杰打理。在方杰的率领之下,江南服装集团几乎以摧枯拉朽之势席卷大江南北,直逼"忠义堂"的根据地——梁山泊。

当然,方杰的梁山泊之行,不是为了试探市场,而是大量复制。按照方杰的说法:"店铺连锁经营,无论一家店还是十家店,广告费都是一样的,费用固定,但边际效应增加了!"

由于江南服装集团先后在梁山泊开了几家分店,已经多次与"忠义堂"这个"地头蛇"在市场上直接发生碰撞。由秦明所负责的几个"忠义堂"分店,在方杰的猛烈攻势下,根本毫无还手之力,市场被挤压不说,而且还被对方挖走了不少员工!

随着市场变化和"忠义堂"销售业绩的波动,过去在销售队伍中不太明显的各种弊端也逐步显现出来。各部门之间、新老销售人员之间无法形成高效协作——业绩好的老销售人员故步自封,不愿开拓新客户,同时担心新人抢走自己的资源;新的销售人员无法得到足够的支持和帮助,很多人甚至试用期未结束就离职,销售队伍士气低落。

内忧外患的压力下,饶是宋江久经沙场,骁勇善战,一时也难以应付这种局面!整天在冥思苦想:遥想当年,我们"忠义堂"三打高俅、四击王庆、五围田虎,可谓战无不胜,攻无不克!如今,在方杰一个乳臭未干的小子面前,竟然如此不堪一击,我们的员工究竟怎么了?

通过大量的对比分析之后,吴用发现,从实力和规模上说,目前"忠义堂"和江南服装集团算是半斤八两,员工素质与规模也各有千秋,"忠义堂"这次之所以屡战屡败,其实最根本的原因就在于团队建设太差,员工的团队精神没有被真正激发出来!

2. 烂苹果与蚂蚁

有了这一层发现之后,当宋江问吴用如何应对当前挑战的时候,吴用已经显得胸有成竹。所以,他没有正面回答宋江的提问,依然只是轻轻摇了摇那把扇子,对宋江说:"老宋,我们不妨先来看看几个小故事……"

烂苹果的传染性

有一个人,买了一箱苹果,由于太多,不可能一下子就吃完,加上那段时间刚好又忙,也忘记了吃。

等到再想起的时候,他发现有那么几个苹果已经有点腐烂,于是就赶紧把它拿出来扔掉。

可能是由于当时粗心大意,没有清理彻底,遗漏了一只在里面。

等他过几天再打开箱子的时候,又有几个腐烂了,一箱苹果也就没剩几个能吃的了。

这时候,他才想起烂苹果理论:烂苹果具有传染性。

烂苹果的传染性体现在两个方面:一方面是自身传染,一个苹果开始有一点点的腐烂,如果不把它清除掉,它会迅速扩散,整个苹果就会烂到不能吃;另一方面是他人传染,烂苹果如果不及时处理干净,它会迅速传染,使果箱里面其他苹果也烂掉。

吴用认为,这则故事其实也反映出了与店铺管理一样的道理:在店铺或团队当中,有时候难免会出现一些"害群之马",他们的基本目标与团队的总体目标有明显的偏差,因此,我们一定要有所警惕和防范。一般说来,个人目标与团队目标有一点差异是正常的,但这种差异不能是破坏性的。如果出现了,我们必须马上将这种情况识别出来,找出原因与对策,否则,迟早会影响到整个团队。

不过,人不是苹果。因此,吴用认为,当某一位员工出现问题之后,首先要进行培训教育,帮助员工寻找个人目标与团队目标的共同点,让这种差异消灭在萌芽状态或控制在允许的范围之内。越早消除差异越好——这是烂苹果传染性第一方面(自身传染)的应用。一般说来,大部分员工经过引导之后,都可以接受团队的目标,并愿意将自己的目标与团队的目标结合起来,愿意把团队的向前发展作为自己实现人生价值的方法。但也有少部分员工即便经过了培训、教育,依然不能认同团队的价值观,那就不能客气了,只能建议他立刻离开,寻找他认为适合自己的地方,绝对不能让他的消极情绪甚至反对情绪影响整个团队的发展——这是烂苹果传染性的第二方面(他人传染)的应用。当然,店铺的团队领导的主要作用毕竟不是开除员工,而是发展员工,因此,当员工出现不好苗头时,仍然要坚持优先采用引导、培训、教育等方法,带领大家实现共同的目标。

向蚂蚁学习

英国科学家做过一个有趣的实验,他们把一盘点燃的蚊香放进一个蚁巢里。蚊香的火光与烟雾使惊恐的蚂蚁乱作一团,但片刻之后,蚁群开始变得镇定起来了,有蚂蚁向火光冲去,并向燃烧的蚊香喷出蚁酸。

随即,越来越多的蚂蚁冲向火光,喷出蚁酸。一只小小的蚂蚁喷出的蚁酸是有限的,因此,许多冲锋的"勇士"葬身在火光中。但更多的蚂蚁踏着死去蚂蚁的尸身冲向了火光。过了不到一分钟的时间,蚊香被扑灭了。

在这场灾难中存活下来的蚂蚁们立即将献身火海的"战友"的尸体转运到附近的空地摆放好,在上面盖上一层薄土,以示安葬和哀悼。

过了一个月,这位科学家又将一支点燃的蜡烛放进了上次实验的那个蚁巢里。

面对更大的火情,这次蚁群并没有慌乱,而是在以自己的方式迅速传递信息之后,开始有条不紊地调兵遣将。大家协同作战,不到一分钟烛火即被扑灭,而蚂蚁们几乎无一死亡。

科学家对弱小的蚂蚁面临灭顶之灾时所创造出的奇迹惊叹不已。

在吴用看来,蚂蚁之所以获得成功,很大程度上是因为它们的团队精神。对于像蚂蚁这样一个弱小的物种来说,任何一个个体面对类似大火这样的灾难,都是无能为力的,甚至是一个数量很大的蚂蚁群体,在无组织、无秩序的情况下来应对这样的灾难,其结果也只能是全军覆没。可蚂蚁恰恰是一种组织性、秩序性很强的物种,它们依据自己的规则和方式,组成一个战斗力极强的群体,以应对生存过程中的一切困难。这正是蚂蚁这个弱小的物种之所以能在各种天灾人祸的环境中得以生存和繁衍的关键。

同样,人也是一种社会性的动物,人的一切活动都与其他同类有着密切的关系,所以人不可能脱离群体而存在。一个人如果脱离了群体,他就会失去了作为一个"人"的价值和意义。换一种方式来讲,人作为一个高等级的物种,个体的力量虽然远远超过了蚂蚁这些弱小个体,但单凭单个人的力量也是根本无法抗拒大自然的威力而生存下去的。因此,人要在这个世界上生存下去就必须将自身置于人类的群体当中。当然,人类社会与其他动物群体比较起来是复杂得多的,人类社会面对的威胁及存在的各种竞争也比其他动物群体多得多。

在英国科学家的这个实验中，蚂蚁的成功证明了一个优秀的团队是所向无敌的，是不可战胜的。而生存于社会中的人如果想获得成功，也必须将自己置身于一个或多个优秀的团队当中。一个优秀的团队并不是简单的"人的集合体"，而是通过团队的规则与精神，将每一个团队成员的优势与能力充分而合理地凝聚在一起，形成一种远远超越个体力量简单相加的效果，即"整体大于部分之和"的效果。在现代企业当中，许多问题的解决需要多方面的知识与能力，任何个人的力量都是不可能完成的，这就需要具备单方面或几个方面知识与能力的人员共同组成一个团队，将每个人的知识与能力凝结起来，形成一个具有综合知识、能力的集体。这个集体的综合知识与能力是超越于每一个个体之上的。

俗话说："三个臭皮匠，赛过诸葛亮。"其实，这也是团队力量的一种表述。"三个臭皮匠，赛过诸葛亮"并不是说三个臭皮匠随便凑在一起，其智慧就超过诸葛亮了，而是说三个臭皮匠在精诚合作的基础上，充分发挥各自的才智，使其形成一种超越个体之上的综合才智。如果没有为达到共同目标的协作精神，即使是三个诸葛亮凑在一起，也不见得能够抵得上一个臭皮匠。对于一个团队来说，人多并不一定力量就大，一个优秀的团队需要把每一个成员的知识与能力发挥到极致，这就需要团队的每一个成员都要具有一定的团结和奉献精神，时刻都要把团队的利益看做是自己的利益，关键时刻要像面对火情的蚂蚁一样，为了团队的利益牺牲自己的利益。

当然，要组建一个优秀的团队，其成员的行动都不能是盲目的，而是要遵循一定的规则和方向，这种规则和方向就是团队的目标和整体利益，如果团队的成员不能做到朝一个目标和方向努力，这个团队肯定将是一个失败的团队。物理学上的力学原理告诉人们：许多力共同作用于一个物体上，假如这些力的作用方向是一致的，那么这个物体就会沿着共同的力作用的方向移动；如果这些力的方向不一致，那样力就会相互抵消，结果集体的力量就因内耗的产生甚至还不如一个个体的力量。

由此可见，只有大家在团队共同目标及组织原则基础上，精诚团结、相互协作、共同努力，团队的目标才可能实现；只有在团队共同目标实现的情况下，作为团队成员的每一个人的价值才能实现。

3. 卓越团队的特征

相传,在古希腊时期的塞浦路斯,曾经有一座城堡里关着七个小矮人,据说他们是因为受到了可怕的诅咒,才被关到这个与世隔绝的地方。他们住在一间潮湿的地下室里,找不到任何人帮助,没有粮食,没有水。这七个小矮人越来越绝望。

小矮人中,阿基米得是第一个受到守护神雅典娜托梦的。雅典娜告诉他,在这个城堡里,除了他们呆的那间房间外,其他的二十五个房间里,一个房间里有一些蜂蜜和水,够他们维持一段时间,而在另外的二十四个房间里有石头,其中有二百四十块玫瑰红的灵石,收集到这二百四十块灵石,并把它们排成一个圈的形状,可怕的咒语就会解除,他们就能逃离厄运,重归自己的家园。

第二天,阿基米得迫不及待地把这个梦告诉了其他的六个伙伴。其他四个人都不愿意相信,只有爱丽丝和苏格拉底愿意和他一起努力。

开始的几天里,爱丽丝想先去找些木材生火,这样既能取暖又能让房间里有些光线。苏格拉底想先去找那个有食物的房间;阿基米得想快点儿把二百四十块灵石找齐,好快点让咒语解除,三个人无法统一意见,于是决定各找各的,但几天下来,三人都没有任何收获。反而耗得筋疲力尽,更让其他的四个人取笑不已。

但是三人没有放弃,失败让他们意识到应该团结起来。他们决定,先找火种,再找吃的,最后大家一起找灵石。这是个灵验的方法,三人很快在左边第二个房间里找到了大量的蜂蜜和水。

在经过了几天的饥饿之后,他们狼吞虎咽了一番;然后带了许多分给特洛伊、安吉拉、亚里士多德和梅里莎。温饱的希望改变了其他四个人的想法。他们后悔自己开始时的愚蠢,并主动要求要和阿基米得他们一起寻找灵石,解除那可恨的咒语。

为了提高效率，阿基米得决定把七个人兵分两路：原来三个人。继续从左边找，而特洛伊等四人则从右边找。但问题很快就出来了，由于前三天一直都坐在原地，特洛伊等四人根本没有任何的方向感，城堡对他们来说就像个迷宫。他们几乎就是在原地打转。阿其米得果断地重新分配：爱丽丝和苏格拉底各带一人，用自己的诀窍和经验指导他们慢慢地熟悉城堡。

当然事情并不像想象中那么顺利，先是苏格拉底和特洛伊那组，他们总是嫌其他两个组太慢。后来，当过花农的梅里莎发现，大家找来的石头里大部分都不是玫瑰红的；最后由于地形不熟，大家经常日复一日地在同一个房间里找石头。大家的信心又开始慢慢丧失。

阿基米德非常着急。这天傍晚，他把六个人都召集在一起商量办法。可是，交流会刚刚开始，就变成了相互指责的批判会。

性子急的苏格拉底先开口："你们怎么回事，一天只能找到两三个有石头的房间？"

"那么多的房间，门上又没有写哪个有石头，哪个是没有的，当然会找很长时间了！"爱丽丝答道。

"难道你们没有注意到，门锁是圆孔的都是没有的，门锁是十字形的都是有石头的吗？"苏格拉底反问道。

"干吗不早说呢？害得我们做了那么多的无用功。"其他人听到这儿，似乎有点生气。经过交流，大家才发现，原来他们有些人可能找准房间很快，但可能在房间里找到的石头都是错的；而那些找得非常准的人，往往又速度太慢。他们完全可以将找得快的人和找得准的人组合起来。

于是，这七个小矮人进行了重新组合。并在爱丽丝的提议下，大家决定开一次交流会，交流经验和窍门。然后把很有用的那些都抄在能照到亮光的墙上，提醒大家，省得再去走弯路。

在七个人的通力协作下，他们终于找齐了所有的二百四十块灵石，但就在这时苏格拉底停止了呼吸。

大家震惊和恐惧之余，火种突然又灭了。

没有火种，就没有光线；没有光线，大家就根本没有办法把石头排成一个圈。

本以为是件简单的事，大家都纷纷地来帮忙生火，哪知道，六个人费了半天的劲，还是无法生火——以前生火的事都是苏格拉底干的。寒冷、黑暗和恐惧再一次向小矮人们袭来。灰暗的情绪波及到了每一个人，阿基米得非常后悔当初没有向苏格拉底学习生火。

在神灵的眷顾下，最终火还是被生起来了，小矮人们胜利了。

"无论是烂苹果理论、蚂蚁实验，还是七个小矮人的突围，都共同传递着这么一个重要信息——个体和团体的关系。当个体处于分力状态时，团体的力量可能比个体的力量还小；当个体处于合力状态时，团体的力量才会充分发挥出来，达到整体大于部分之和的效果。其中最明显的就是七个小矮人的突围故事，是一个典型的团队建设案例，具备了一切团队建设的基本特征。"吴用说道。

因为我们是一家人，相亲相爱的一家人……

"那么，一个卓越的团队，应该具备怎样的特征呢？"宋江问。

吴用认为，一个成功的团队，至少应该具备以下几个方面的特征：

第一，明确的目标。美好的愿景是团队组建的基础；明确的目标是团队成功的基础；团结协作则是团队成功的关键。一个卓越团队所需要的目标必须满足这些要素——团队成员理解和认同共同的目标愿景，并为目标的达成付出努力；目标十分明确并具有一定的挑战性；达到目标的策略是清晰的；团队成员拥有明确的角色分工或者团队的目标已经分解到个人。达成共同的目标是团队存在的价值，例如"忠义堂"目前的目标是上市，争取令广大员工提前获得满意的收益，在当地率先富起来。只要所有的员工认同这一目标，并为此而努力，该目标就会尽快实现。

第二，赋能授权。在一个卓越团队里，团队成员能感到个人拥有技能，团队整体也拥有能力；成员有渠道获得必要的技能和资源；策略和方法能够有效支持团队目标；气氛融洽，成员相互尊重并愿意帮助别人。相反，如果团队领袖总是插手小事，越俎代庖，事必躬亲，既分散了大量精力又没有把事情处理好；或者刚愎自用，作决策不征求团队成员意见，不能让下属获得参与感。这些做法都可能导致团队成员信心受挫，积极性和主动性遭受抑制，无法更好地发挥团队的活力。当然，如果团队领袖完全放任团队成员，缺乏基本和必要的决策和指导，同样会导致团队失败。因此，在赋能授权给员工的时候，团队领袖也要注意告知其权限的范围以及合理的规则、程序。

第三，良好的沟通。在沟通方面，卓越团队表现出的特征是——团队成员愿意公开且真实表达自己的想法，哪怕是负面的；愿意主动了解与接受别人；能够积极主动地倾听他人意见；不同的意见和观点在团队中都会受到重视。如果团队领导忽略部属的意见和抱怨，不采取恰当的方式及时沟通，不能使团队成员的负面情绪得到有效宣泄，就可能造成内部伤害。

第四，自我调节能力强。团队成员能够自我调节，满足变化的需求，这就表现出一种弹性和灵活性。团队成员会根据需要扮演不同的角色并发挥相应功能：当某一个角色不在的时候要求有人主动去补位，分担团队领袖者和团队发展的责任；即便是暂时遇到困难，也能及时总结经验教训，并通过合适的方法将其与团队内的所有成员共同分享，使团队走出困境，走向成功。

第五，勇于创新。卓越团队必须具备清晰的解决问题的程序，这样才能提高决策效率，获得良好的绩效产出。另外，创新能力也是获得卓越生产力的重要条件，组织和团队领导要在团队内部建立起创新的氛围，这就需要领导对成员的意见和建议予以重视，并对创新成果及时奖励。

第六，环境和谐。很多时候，团队的阻力来自于成员之间的不信任和非正常干扰。尤其在困难时期，这种不信任以及非正常干扰的力量会被放大。因此，在团队运作时，建立一个和谐的环境非常重要。

当个人的贡献受到领导和其他成员的认可和赞美时,团队成员会感觉到自豪,觉得自己受到了尊重;团队的成就涉及所有成员的认可,因此当团队的贡献受到了组织的重视和认可,所有的成员的士气就会有所提升。总之,卓越团队的成员需要得到来自组织内部和外部的共同认可和激励,内部环境充分保持和谐。

第七,士气高昂。在卓越团队中,每个人都乐于作为团队中的一员,对自己的工作引以为荣,向心力很强,斗志也十分高昂。

相对于团队目标,团队的创新能力和士气是衡量团队是否能达到高绩效的关键要素,然而要提升创新能力和士气,就必须在赋能授权、沟通、自我调节以及环境和谐这四个方面下工夫,这也正是上述七个特征的内在联系。

4. 团队建设"三步曲"

对于吴用的分析,宋江尽管觉得很有道理,但内心又隐隐觉得还有点欠缺,于是问:"那么,就我们'忠义堂'来说,该如何打造出一个富有战斗力的团队呢?"

面对宋江的疑问,吴用这样解释:"把一群最优秀的员工直接放在一起,是否就一定能构建卓越的团队呢?是否只有最优秀的员工才能构建卓越的团队呢?不见得!"

吴用认为,要打造出一个卓越的团队,至少需要完成以下"三步曲":

第一步,确定目标,选拔成员。任何一个团队,都有其存在的理由,也就是它独特的目标。因此,构建一个团队首先要弄清楚他的目标是什么,进而确定需要什么样的人才能实现这个目标,并确定具体用人标准,找出每位团队成员所需具备的知识和技能,进行人员选拔。

要想发挥团队核心的力量,打造一支高效能的团队,就必须在团队中建立一个统一的价值,也就是具体凝结为团队中的理念和团队精神,实现的是价值共守、精神共通、情感共流、命运共担。

在唐氏咨询公司草创前期,唐僧在接受了"西天取经"任务之后,在观音菩萨指点之下,组建了包括白龙马共五名成员构成的团队,这五名成员在性格上各有各的特点,但是有着互补的技能。对于整个团队来说,目标就是取得真经;而对于其中的四名下属成员来说,西行的目的就是为了将功赎罪、弥补之前的过错,因此斗志昂扬,激励效果非常明显。观音菩萨在选择西行团队成员时能够充分考虑到他们的能力和态度,最终团队目标得以实现也是理所当然的。

在选拔团队成员时,要以团队目标为导向,确定团队必备的人才。不仅要考虑其是否具备该工作所需技能,还要考虑其是否具备扮演团队角色的其他素质以及态度。此外,团队在具有灵活性的同时也有着不稳定性,因此构建团队时还需要考虑团队未来的发展趋势,以及团队可能遇到的问题,如成员离职等突发事件,这就需要为团队储备一些后备接替人才。

第二步,团队培训,营造氛围。任何一个卓越的团队,成员不仅需要具备一定的互补技能,更需要具有很强的分析问题、解决问题、人际交往、信息沟通、冲突解决等能力。团队需要所有成员的通力合作,因此要防止个人英雄主义的产生,创造每个人都是团队不可缺少的一分子的文化氛围。让大家明白只有共同支持、协作、努力,才能更好地完成团队目标。

团队领导要鼓励每位团队成员参与决策过程,并倾听他们的意见,包括反对的声音,当有更好的主意出现时能够修正决定,对成员间的矛盾和员工的牢骚能迅速处理。因此,在团队建立初期以及运作过程中,相应的培训和培养必不可少。目前国内外比较流行的体验式培训就是一种非常好的团队培训方式。

所谓体验式培训,是个人通过参与某项活动获得初步体验,然后在培训师的指导下,与团队成员共同交流、分享个人体验并提升认识的培训方式。学习者通过在真实或模拟环境中的具体活动,获得亲身体验和感受,并通过与团队成员之间的交流达成共识,然后通过反思、总结提升为理论或成果并应用到实践中,培训师在培训过程中起着指导作用。体验式培训之所以能达到团队培训的目的,是因为它一般是以团队的形式完成的,通过各种精心设计的活动,团队成员在解决问题、应对挑战和相互交流的过程中,自然就会实现"激发潜能,熔炼团队"的目的。所以,体验式培训对培养学习者的团队精神和合作意识、改善人际关系、形成积极向上的组织氛围和改进组织内部的沟通与信息交流等都大有裨益。

第三步,绩效辅导,有效激励。要不断提升团队成员的绩效和保持旺盛的士气,一定离不开良好的绩效管理系统和奖励机制。周期性地对团队及成员进行绩效考核,不仅可以让组织或团队领导随时监控团队及成员的绩效状况,并以此提供相应的资源支持和绩效辅导,改进员工的绩效,而且还可以依据考核结果及时给团队及成员以奖励,进一步激发他们的热情,向更高的绩效标准迈进。

在这一方面,唐僧团队的经验值得借鉴:由于唐僧过于单纯,常常把骗子当作好人,从而导致唐僧无法就孙悟空驱逐骗子的过程进行控制。因此,起初唐僧在考核时,过分地关注过程而忽略结果,同时还掺杂过多的个人价值判断,这样考核的结果自然无法令人信服。同时在激励手段上,唐僧一味以负激励手段——念"紧箍咒"为主,所以出现孙悟空多次辞职也就再正常不过了。还好唐僧及时进行了调整,更加关注结果,更多地采用灌输价值观和愿景目标的方式,借此来引导孙悟空的行为,果然取得了良好的效果。

5. 宋江是个好老板

在吴用的一再启发下,宋江决定对"忠义堂"的员工进行了全面整顿,全力打造一支富有战斗力的团队。在团队的激励下,"忠义堂"势如破竹，终于完成了对江南服装集团的阻击，打破了方杰征战以来的不败神话，从此江南服装集团风光不再，基本偏安江南一隅。

随后，"忠义堂"一统大宋市场，而且还不断向周边国家如大辽蔓延，成为名副其实的服装业"航空母舰"。而"忠义堂"所打造的卓越团队"梁山一百单八将"，更是威名远播。

几年之后，"忠义堂"正式在京师证券交易所挂牌上市。由于"忠义堂"的发展模式比较新颖，加上其卓越的经营能力以及广阔的市场前景，"忠义堂"的股票备受股民追捧，先后刷新了京师证券交易所的多项纪录，至今还为人们津津乐道。

多年之后，当人们再回首评价"忠义堂"时，有人说，在"忠义堂"扩张的过程中，"文不文，武不武"的宋江的作用其实是可有可无的，甚至可以忽略不计——因为他几乎什么事情都拿不定主意，基本上都是吴用、卢俊义、公孙胜等人在一手操作，算不上一个称职的老板。

不过，吴用可不这么认为，他说："一头狮子带领的一群羊可以打败一只羊带领的一群狮子。一艘大船，如果没有一个掌舵人，永远不能在大海中航行！而宋江，就是'忠义堂'号的掌舵人！"

在吴用眼里,宋江拥有了一个卓越领导者所应该具备的素质,并在实践中充分得到了展示:

素质一:品德高尚。比较完美的企业领导人知道,品德高尚是成功之本。宋江为人正直、公正、和善,甚至有时还有些"忠义"过头,但是他的品德让他在政界、商界人很吃得开。每当在他事业陷入低谷的时候,总有贵人相助,这为他后来获得成功发挥了重要的作用。

素质二:善于决策。团队领袖的价值在于"做正确的事",同时帮助各管理层的主管"把事情做正确",把决策落实。宋江的性格或许有些迂腐,但是,他在整个团队的最高决策就是坚定不移地实施既定的目标和方针,并一路帮助不时信心动摇的员工们贯彻他的决策,这就是团队领袖真正要做的事情。

素质三:明确目标。什么是领导?世界级企业管理大师班尼士下了定义:"创造一个令下属追求的前景和目标,并将它转化为大家的行动,去完成或达到所追求的前景和目标。"在宋江的率领之下,"忠义堂"的目标一直都很明确——做一流的企业,培养一流的人才!宋江为"忠义堂"团队设立了长期的、特定的、具体的、远大的共同远景,并坚定不移地进行努力奋斗,这也让他的领袖地位无可动摇。

素质四:充满热忱。爱默生说过:"有史以来,没有任何一件伟大的事业不是因为热忱而成功的。"企业领导者最大的才能就是使人产生激情,对下属不断地给予赞赏、鼓励,使员工精神振奋,不断进取。宋江对"忠义堂"事业的热忱众所周知,从头到尾都没有动摇过,这是他对员工们最大的影响。也只有在这种对一个目标始终充满热情的领导者的带领下,员工们才不会为路途上的种种磨难吓倒而放弃目标,所以说他就是"忠义堂"这一团队的精神支柱。

素质五:识才,用才,御才。作为企业领导者很重要的工作就是要懂得不带歧视地把合适的人放在适当的位子上。宋江很懂得用人之道,他让口才好的燕青、乐和专攻公关,让技术高超的安道全负责质检,让有培训经验的林冲负责员工培训……宋江自己虽然手无缚鸡之力,但是他能通过完善各种企业制度和企业文化来掌控各个水平远远比自己高得多的吴用、公孙胜、卢俊义,而吴用、卢俊义又有能力掌控其他员工,让员工们既团结一致又相互制约。因此,宋江是整个"忠义堂"团队最高权力掌握者,不会有对团队失控的危险。

总之,尽管自己不经常在前台露面,但是宋江的影响力却时时在"忠义堂"的各个店铺的各个角落弥漫,无处不在,无时不有,确实不愧为一个好老板!

资料链接 >> 向唐僧学习项目团队管理

缺乏"行政权力","技术能力"也不强的唐僧,带着这个团队完成了常人看起来难以完成的任务。由此看来,作为"项目经理",唐僧确实有许多值得学习之处。

对于许多项目经理而言,项目团队管理恐怕是他们所面临的最头疼的问题之一,而团队管理恰恰又是项目管理过程中最重要的部分之一。

尽管成功的团队管理不一定能保证项目的成功,但失败的团队管理必然导致项目的失败。在一个项目团队中,有各种不同的人员,他们具有不同的背景,有着不同的特长,也具有不同的性格特征。如何充分发挥每一位团队成员的积极性和特长,并保证这些积极性和特长的发挥能够与项目目标保持一致,是每位项目经理在团队管理中所必须处理好的问题。

有趣的是,我们在中国的古典小说《西游记》中找到了这样一个非常生动,也非常成功的案例。

1.《西游记》中的"团队管理"

在《西游记》中,唐僧师徒四人及白龙马历经千难万险,从"东土大唐"出发,最终完成"西天取经"的任务。

从项目管理的眼光来看,这本身就是一个项目的实施过程,也符合项目的一般特征,即"特定性"和"过程性"。

任务完成过程中的其他要素也很齐全:包括项目交付物的"受益

人"、项目的"资助人"、项目实施过程中的支持保障体系等。

《西游记》中的"项目团队"也很符合项目团队的一般特征:唐僧师徒四人构成了项目实施团队,其团队成员有着不同背景、能力和性格特征;而唐僧这位团队领导人也面临着许多项目经理在团队管理中所面临的一般问题:项目团队成员并不是他自己挑选的,而是项目实施组织的管理机构指派给他的。唐僧的三个徒弟,甚至包括白龙马,都是"上级领导"观音菩萨在他出发前确定的;换句话说,他没有"选人权"。

项目团队成员的技术能力都强于他(至少都能腾云驾雾,论武功更是个个比他强),都有一定的来头(原来都是天宫中大将以上职位),个别人还有一定的管理经历(如猪八戒曾是天蓬元帅)。

团队成员业务能力和工作态度各异,有业务能力强但心高气傲的孙悟空,有业务能力中等但工作态度较差"推一下动一下"的猪八戒,也有尽管勤勤恳恳、任劳任怨但业务水平一般的沙僧,如何将这些人组成一个具有战斗力的团队是一个大难题。

尽管名义上有一定的"行政权力",如"惩罚权"(念"紧箍咒")、"解聘权"(将徒弟撵走)等,但自己也知道缺了这些人(尤其是业务能力强但心高气傲的孙悟空)项目就无法完成;况且"绩效考核权"和"奖励权"都在上级领导手中(唐僧连"建议权"都没有)。

但就是这位缺乏"行政权力","技术能力"也不强的唐僧,带着这个团队完成了常人看起来难以完成的任务。由此看来,作为"项目经理",唐僧确实有许多值得学习之处。

2. 唐僧的团队管理艺术

在一般人看来,唐僧是一个胆小固执,有时还有些是非不分的人,但作为这个团队的领导人,他在团队管理方面确实有着许多过人之处,值得项目经理在管理项目团队时学习。概括起来,有以下几个方面:

——意志坚定,不怕困难。这是作为团队领导人最重要的品质,项目实施过程中会遇到许多意想不到的困难,这些困难甚至会使人认为无法实现项目目标。此时,作为项目经理,最重要的就是具有顽强的意志力,有一种不达目的誓不罢休的气概,这种意志力是提高团队士气最重要的因素。

在《西游记》中我们看到，无论在取经路上遇到多大的艰难险阻，唐僧对于实现目标具有坚定的信念，抱着"不取真经，誓不还乡"的决心。

只有具有这样的意志和信念，才能在遇到困难，甚至团队中某些成员开始打退堂鼓时（例如猪八戒一遇到点困难，就要"分行李""回高老庄做女婿"等），保持整个团队的士气和克服困难的决心。

——对项目交付物和客户的需求具有深刻的理解。在《西游记》中，尽管唐僧既不会飞，又不能打，但只有他熟读佛经（对项目交付物有着清晰的理解），也只有他深刻地了解他所要取的佛经对于唐朝皇帝和黎民百姓的重要性（对客户需求有着深刻的认识），而对于他们这个团队所要完成的任务而言，"取经"才是目的，团队成员（他的那些徒弟们）所拥有的能力只是完成上述目的的手段。

这就提示我们，对于项目经理而言，项目目标和客户需求才是最重要的。许多项目经理，尤其是相当一部分从技术岗位上提升起来的项目经理，往往在项目实施过程中颠倒了目标与手段的主次关系，沉湎于技术层面，甚至抱着通过项目实施提升自己技术能力的想法，而忽视了作为一个项目经理，其最重要的能力之一是对客户需求和项目交付物的深入理解。

也就是说，项目经理必须将自身的能力提升与项目目标和客户需求结合起来，这才是项目经理的核心竞争力，也是他在项目团队内部具有威信的基础。

——知人善任，合理分配工作，适当控制。项目团队成员具有不同的业务能力和性格特征，只有知人善任，根据成员特长和能力分配工作岗位，并根据其性格特点进行适当的控制，才能最大限度地发挥成员特长和积极性。

唐僧的三个徒弟各自有着不同的才能和性格，但他很恰当地进行了工作分配，并辅之以一定的控制手段。例如对于业务能力强、工作积极但心高气傲的孙悟空，一方面分配给他能够充分发挥其专业特长的工作，如降妖除怪、在危险环境中探路等；另一方面也注意约束其行为以防止其专业能力的过度发挥影响项目目标的实现，即当在"降妖除怪"与"误伤好人"(触及团队道德底线)之间存在疑问时,就毫不犹豫地保证项目目标的实现(宁可放过一千,决不错杀一个),否则就要采取惩罚措施(念"紧箍咒")。

这种情况在软件开发项目中很容易发生:对于那些"技术高手"而言,很容易陷入追求技术上的完美以至于影响项目实施进度或成本的境地,此时,就需要项目经理通过一定的控制手段对其上述行为加以限制。

对于业务能力中等但工作态度不甚积极的猪八戒,则让他与业务能力强、工作积极的孙悟空协同工作,以督促其完成工作;同时充分利用猪八戒"善于处理人际关系"的特点,分配一些能发挥其特长的特殊任务,如化斋、问路等。

而对于勤勤恳恳但业务水平一般的沙僧,则分配给他技术要求不高,但对工作态度要求较高的规范性强但比较枯燥的工作,如挑行李等。这一点在许多项目管理过程中是很重要的:任何项目的实施过程都有一些枯燥但需要责任心的工作(如项目文档管理等),而将这些工作分配给那些能力稍差但踏实肯干的团队成员,往往能起到发挥特长、提高积极性的效果。

——平等对待,坦诚相见。在一个项目团队里,由于团队成员所承担的工作任务不同,对项目的贡献也有大小,因此在工作中完全做到平等对待是很难的,但团队成员如果过分感觉到自身在团队中的地位差异的话,其积极性又会受到影响。在《西游记》里,唐僧的三个徒弟中,其地位明显是有差别的,对此,唐僧采取了"地位高的要求也高"这样一种措施,来实现某种意义上的"平等"。

对于能力最强、贡献最大,从而地位也最高的成员(孙悟空)要求也最高,几乎使用了所有的惩罚权(念"紧箍咒")和解聘权(将其撵走);对于地位次之的成员(猪八戒),当发现其有不当行为时主要采取"训斥"的方法;而对于地位最低的成员(沙僧),则要求最低(几乎没有受到任何惩戒)。

相对而言,团队中地位高的成员由于其承担的责任重大,其行为的负面影响也大,因此对其要求更高是完全有必要的。另一方面,唐僧一旦发现自己因判断失误而处置失当(如因误将妖魔当好人而将孙悟空撵走），又能坦诚地承认错误，并不因自己"师父"的地位而死要面子、拒不认错，这恐怕也正是孙悟空尽管屡次遭其误解却仍对其忠心耿耿的重要原因之一。

这样，在这个团队里，地位高的、能力强的忠心，地位低的、能力弱的尽心，大家荣辱与共，团队战斗力自然大为提高。

一群最优秀的人组成的项目团队不一定是优秀的项目团队，只有充分发挥团队成员的积极性和特长的团队才是具有战斗力的团队，也才是最能够保证项目成功的团队，而这其中，项目经理的意志力、管理知识和协调艺术起着关键性的作用。

3. 项目团队管理中的冲突问题

项目团队是由一组为了实现某一项目的相互协作的个体所组成的正式群体。它的根本使命是在项目经理的直接领导下，为实现具体项目的目标，完成具体项目所确定的各项任务而共同努力，协调一致和有效地工作。项目团队运行的成功与否，决定着项目最终的成功还是失败。

目前，特别是 IT 行业的项目管理，绝大多数项目都经受着"项目黑洞"的痛楚：项目无法按期完成、项目合作方的工作难以协调、用户需求经常变动等。由于项目具有明确的时限性，在项目执行的过程中，项目能否按时完成成为衡量项目质量的最关键和最明显的标准。但是由于项目经理就项目团队的冲突和压力对生产力的影响等问题存在着认识不清、管理不善等的问题，导致项目团队生产力下降，项目进度迟缓，最终项目实际进度赶不上计划进度。

只要在项目开发过程中有多个参与者，就一定会有冲突存在。但是，有时项目经理缺乏直接同项目组成员之间的信息交流通道，抑或对成员间的冲突未能很好地把握，没能及时解决冲突，导致冲突影响到项目的进度。

冲突应当引起重视，并尽快得到解决。最好是在项目启动之前，就设定一个快速便捷的经理和团队成员之间的信息通道，比如项目意见经理信箱等。

项目管理中的冲突并不是缺乏职业道德的行为，而是各人解决问题的方法上的分歧。对于冲突，通过正式的谈判不容易取得理想的效果,因为谈判通常都是零和游戏,我所得到的任何东西都是你所失去的;而通过非正式的调解可以很容易的解决,也就是通过一个不涉及冲突的第三方来帮助冲突双方达成共识。

要在冲突完全形成之前就去调解,甚至在项目开始之前,我们就要先宣布:所有人的"赢"都是受重视的。在任何冲突刚出现,还没有变得很明显的时候,就需要一些受过训练的调解人,来告诉冲突双方:你们根本不是敌对的双方,你们是站在同一边的,跟你们作对的是这个问题。这样,冲突双方可能很快达成有意义的共识,冲突双方开始理解、尊重对方的需要,尽量思考以前从没想过的方案。交涉每进展一步,彼此之间的信任就会加深一层,成功的机会也就多一分。

管理心得 >>

信息时代是一个追求个人价值实现与团队绩效双赢的时代,个人单打独斗的时代已经远去,团队合作的时代已经到来。实践证明,卓越的企业团队是企业战无不胜、攻无不克的最有力武器,正如西方著名管理者罗伯特·伍德所言:"不论多强大的士兵都无法战胜敌人的围剿,但我们联合起来就可以战胜一切困难,就像行军蚁一样把阻挡在眼前的一切障碍都消灭掉。"

任何一个企业,进行团队建设时,要求员工既要像"兽中之王"老虎那样有"以一当十"的英雄气概、雄厚实力,又要像群狼那样分工合作、精诚团结,每个人知道自己在团队中的位置和作用,把个人目标与团队共同目标合二为一。

当然,任何一个卓越的团队,都需要有宋江这样的灵魂人物,因为他是这个团队的领袖,是团队凝聚力的核心——能有效地组织管理系统的运行,有效地调动每一个成员的工作热情与积极性,有效地促进整个团队的工作,使团队更具凝聚力和战斗力!

百战归来 再读书

决胜终端，零售为王！

中研零售商学院"人、店、货"系列丛书

☞ **什么是影响店铺业绩的核心力量：**

☞ **高绩效的狼性团队，规划有致的店铺，货如轮转的商品管理。**

★ 如何利用晨会达成一天的销售目标？

★ 如何成为一个优秀的教练式管理者？

★ 如何抓住顾客的心理，使销售无往不利？

★ 如何有效借助卖场策划达到最优的营销目的？

★ 如何从容应对市场的淡旺季？

......

中研顾问针对上述问题，推出专注于零售终端的中研零售商学院"人、店、货"系列丛书，帮您解决终端店铺运营中的关键问题，全力打造具有卓越竞争力的旺铺！

百战归来 再读书

决胜终端，零售为王！

中研零售商学院"人、店、货"系列丛书

人
- 《店铺晨会管理》
- 《店铺教练技术》
- 《老板第一，顾客第二》
- 《改变店长一生的10堂课》
- 《影响督导一生的10堂课》
- 《卖场顾客消费心理》
- 《店铺优秀销售团队是这样炼成的》

店
- 《卖场策划》
- 《卖场选址与布局》
- 《卓越服务的30个习惯》
- 《店铺VIP客户管理》

货
- 《淡季营销》
- 《备战旺季》

百战归来 再读书

花多少钱能买到中研顾问团 **20** 余年的经验?

打造亿万业绩的经销商系列丛书

本系列丛书为零售业经销商量身定做,
为您提供一整套实际操作与运营的思路和方法,
让您的管理更有效,让您的业绩进一步提高!

☞ 1.《经销商必读的10堂课》

作为经销商,如何制订一个切实有效的战略目标规划?

如何快速提升自身能力?

如何扫除市场开发过程中遇到的障碍?如何开拓您的销售渠道?

如何建设一支高绩效的团队?

如何提高您的终端管理水平?如何应对管理中的危机?

改变您一生命运的中研课堂,将带您走出这一系列的困惑。

☞ 2.《打造高绩效经销商团队》

什么是经销商成功的基础?团队的力量。

如何快速而有效地建立一支高绩效的经销商团队?

如何选择领导风格?如何进行有效的员工激励?

如何制订团队的目标?如何开展团队绩效管理?

如何轻松驾驭经销商团队销售分支机构?

如何实现经销商团队营销信息系统化管理?

本书教您迅速提升团队的"整体势能",全力打造高绩效的经销商团队!

百战归来 再读书

花多少钱能买到中研顾问团

20 余年的经验?

打造 **亿万** 业绩的经销商系列丛书

本系列丛书为零售业经销商量身定做,
为您提供一整套实际操作与运营的思路和方法,
让您的管理更有效,让您的业绩进一步提高!

☞ **3.《经销商区域招商》**

为什么招商会年年开,次次爆棚,销售网络却一直不健全?

为什么动用了大量资源策划招商会,却总是招不来自己想要的加盟商?

招商真有这么难?

如何策划招商会?如何招揽参会客户?

如何进行会务筹备?如何安排培训课程?

如何有条不紊地实施招商会?

如何开展会后客户跟进?

详细操作流程描述+经典成功招商案例

打开本书,中研专家将会告诉您,招商其实很容易!

☞ **4.《经销商大客户管理》**

市场竞争日益激烈,

客户管理已成为经销商建立竞争优势的一项强力武器。

大客户是经销商的生命之源,财富之源,

如何建立大客户管理战略及计划?

如何组建大客户管理机构?

如何有效开发和维护大客户资源?

如何提升大客户的满意度与忠诚度?

如何强化对大客户的有效督导?

如何建立大客户预警管理机制?

打开本书,一切将迎刃而解。

中研国际零售商学院课程

欢迎您加入中研国际零售商学院俱乐部
——团结智慧　共享财富

感谢您购买由SEC中研国际品牌管理咨询机构策划，中国发展出版社出版的打造亿万业绩的经销商系列丛书，恭喜您即将成为中研国际零售商学院的尊贵会员。只要您购齐本系列全套4本书，或者购买中研零售商学院"人、店、货"系列任意6本书，填写好入会申请表，并随表寄上您的购书小票、身份证复印件，经确认后，您将得到我们赠送的**中研国际零售商学院学习卡一张（价值900元）**，可**免费**参加**中研国际零售商学院**培训课程1天。该培训课程将解决您店铺运营中的人员、店铺、货品管理问题，全面提升您终端的经营管理水平与市场竞争力！

☞ "顾问"相伴，排忧解难！

☞ "宝典"在手，赢利无忧！

中研国际零售商学院俱乐部
会员申请表

会员姓名：		性 别：		职 务：	

E－mail： 电 话：

公司名称： 经营方式：□品牌商 □ 代理商 □ 加盟商

代理品牌：

企业人数： 人

公司地址：

邮 编：

经营项目：

□超市 □百货店 □便利店 □购物中心 □药店 □家居建材 □3C店 □服饰店（□男装 □女装 □运动休闲 □童装 □内衣 □家纺 □鞋 □饰品）□化妆品店 □汽车零售 □办公用品 □音像书店 □珠宝店 □眼镜店 □酒店连锁 □餐饮休闲 □娱乐 □网络零售 □直销 其他（请注明）

1.您经营品牌有几年?

□1年以内 □1年 □2年 □3年 □4年 □5年 □其他（请注明）

2.您所购买的中研产品是：

□专业书籍 □VCD □《服装经销商》杂志 □培训课程

3.您所希望得到的咨询：

□参加中研国际零售商学院的课程 □店铺诊断 □企业诊断 □国际商务考察 □为公司内部做培训 □有新产品请通知

4.您还有哪些需求?

地址：北京市宣武区广安门内大街6号，枫桦国际商务中心A-1-1503，中研国际品牌管理咨询机构知识研发中心

邮编：100053

电话：(010)83548051/61 15810468091

传真：(010)83545523